Septembre, surstrate en Tokio

Granda Tertremo en la regiono Kantô 1923 — Postsono de Masakro

1923年関東大震災　ジェノサイドの残響
1923년 간토대지진 대량학살의 잔향

KATÔ Naoki

TRADUKITA DE
MAMIYA Midori

KOROCOLOR PUBLISHERS
ころから

Septembre, surstrate en Tokio
Granda Tertremo en la regiono Kantô 1923 - Postsono de Masakro

©Katô Naoki
Tradukita de Mamiya Midori

2018-09-01   la unua eldono tradukita en Esperanto

Eldonis: Korocolor Publishers
1-19-7-603 Akabane Kita-ku Tôkyô 115-0045 Japan
office@korocolor.com
http://korocolor.com/

En Esperanto kontaktu:
LIBERA ESPERANTO-ASOCIO en HOKKAJDO
naoto_5esperanto@yahoo.co.jp
1-3-13 Asabu Kita-ku Sapporo 001-0045 Japan

ISBN 978-4-907239-36-7
C0036

De amase murditaj koreoj
sango fluas cent riojn[*1] longe.
Indigne mi tion rigardas: Kia kruelaĵo!

                HAGIWARA Sakutarô[*2]

*1 Mezurunuo de longo por vojoj. Unu rio longas proksimume 4 kilometrojn.
*2 Hagiwara Sakutarô (1886–1942) Japana poeto.

En la sekva jaro de la Granda Tertremo en Kantô, la poeto Hagiwara Sakutarô aperigis la versaĵon pro indigno kontraŭ la afero en Huzioka, kiu okazis en la gubernio Gunma, kie li tiam loĝis. En la afero, 17 koreoj estis murditaj de Civilula Memdefenda Grupo agitata de senbaza onidiro. (La citita versaĵo [en la japana] estas prenita el *Hagiwara Sakutarô Zensyû* (Kompleta Verkaro de Hagiwara Sakutarô) eldonita de Tikuma Syobô.)

Antaŭparolo por la Esperanta versio

En septembro 1923, trafis Tokion senprecedenca tertremego. Pereis 105 mil homoj pro urba incendio en kelkaj tagoj. Poste, en la kaosa stato, japanaj popolanoj kaj soldatoj sendistinge masakris en sia kolero sennombrajn laboristojn koreajn kaj ĉinajn. La libro priskribis tiun ĉi masakron neforviŝeblan de la japana historio.

La unua eldono de tiu ĉi libro vekis multajn eĥojn en Japanujo, sed ne kiel registraĵo de la historio. Opinio de iu leginto unuvorte resumas, kiel oni akceptis la libron: "Tiu ĉi afero ne estas pasinta, sed aktuala."

En 2014, la jaro de la eldoniĝo, en Japanujo sub la dekstra registaro fortiĝis Reviziismo de Historio kaj rasismo kontraŭ popoloj en najbaraj landoj. Rasista grupo ripetis ŝovinisman manifestacion en korea kvartalo kriante: "Mortigu koreojn." Amaskomunikiloj preskaŭ ĉiutage elsendis televidajn programerojn, en kiuj oni moke ridis ĉinojn. Suferis la diskriminacion ankaŭ indiĝenaj popoloj en Japanujo, ajnuoj kaj rjukjuanoj. (Tiu ĉi stato kaj la dekstra registaro ankoraŭ daŭras hodiaŭ en marto 2018.)

Kiam multaj homoj ektimis, kian katastrofon la rasismo alportos al ni, tiu ĉi libro vekis eĥojn, ĉar ĝi montris la respondon el la historio.

Mi deziras ke vi, legantoj en la tuta mondo, eksciu per tiu ĉi esperantlingva eldono la grandan masakron faritan de japanoj en la antaŭa jarcento. Mi deziras ankaŭ ke vi akceptu la masakron ne nur kiel pasintan aferon en Japanujo, sed ankaŭ kiel vian aktualan; ĉar rasismo, la danĝera monstro kiun ni devas alfronti, ne naskiĝis en iu specifa regiono en la pasinteco, sed naskiĝas en diversaj regionoj en la nuna mondo.

Utilas konciza klarigo pri la moderna historio de Japanujo ĝis la jaro

1923, por ke legantoj ekster Orienta Azio bone komprenu tiun ĉi libron, kiu temas pri Tokio en septembro 1923.

Ĝis la mezo de la 19a jarcento, en Japanujo regis feŭda reĝimo, kiun estris la familio Tokugawa kaj servis feŭdaj regantoj. Sed junaj malaltrangaj samurajoj fondis revolucian movadon, kiam Usono postulis de Japanujo permesi la liberan komercon, montrante sian modernan militforton per militŝipoj. En la jaro 1868, la revolucio faligis la reĝimon de la familio Tokugawa, kaj la revoluciuloj surtronigis la eksestron de Japanujo, Tennô, kiu perdis sian potencon post la mezepoko, kiel la suverenon de la moderna registaro establita de ili.

La nova registaro rapidis modernigi la politikon, ekonomion kaj socion. Ĝi kreis kapitalismon, kaj venkis en la milito kontraŭ Ĉinujo de la dinastio Qing, kaj devigis ĝin cedi Tajvanon al Japanujo. Tiel Japanujo fariĝis imperiisma ŝtato, kiu postvenis Eŭropajn. Dume, en la procezo de la moderniĝo okazis demokratia movado, kaj el ĝi naskiĝis parlamento kaj partioj, kies deputitojn oni elektis laŭ limigita voĉdonado.

En la najbara lando, Koreujo, daŭris regado de la dinastio Chosun ekde la 14a jarcento. Ĝi estis centraliza reĝimo, en kiu nobeloj asistis la reĝon per burokratismo.

En la jaro 1904, Japanujo faris militon kontraŭ Rusujo pro la konflikto pri interveno en la nordorienta Ĉinujo. Japanujo venkis en la milito, kaj per tio koloniis Koreujon en 1910. Tiam koreaj intelektuloj kaj popolanoj rezistis en gerilo.

Sur tia historia fono venis la jaro 1923, la scenejo de tiu ĉi libro.

En Tokio en 1923, homoj ĝuis urban vivon, kies vivnivelo preskaŭ atingis tiun de tiamaj Eŭropo kaj Usono. Nome, tramoj veturis sur stratoj. Riĉuloj ĝuis veturadon per aŭto. Studentoj diskutis pri Markso en kafejo. Popularaj ĵurnaloj vaste provizis homojn per novaĵoj kaj amuzaĵoj. En ĉiuj domoj lumis lampoj. Feriantoj aĉetumis en la divesaj etaĝoj de ĉiovendejo, veturante per lifto.

Dume, laboristoj vekiĝis pri sia rajto, kaj ofte luktis en laborkonflikto kaj en tumulto. Burĝoj, kiuj konsistis ĉefe el mezklasanoj nomataj "blanka kolumo", faris manifestacion por efektivigi elekton laŭ universala voĉdonado, kaj vekis la registaron kaj la partiojn. Tiun ĉi tempon plenan de progresinta atmosfero oni nomas "Demokratia tempo en Taisyô" laŭ la nomo de la japana erao.

Koncize dirite, por Tokio la jaro 1923 jam estis la tempo de modernismo, kaj ne estis tia sovaĝa tempo, kiu estis tute malsama ol la nuna.

Tamen, dume Japanujo estis kruela koloniisma ŝtato. Multaj malriĉaj farmistoj fluis el Koreujo al la nordorienta Ĉinujo, aŭ al Japanujo trans la maron kaj fariĝis laboristoj por konstruado, kiuj estis finance maltrankvilaj. Japanoj forgesis la longan historion de interagado kun Koreujo kaj ekmalestimis koreojn.

En la jaro 1919, okazis en Koreujo la "Naciliberiga Movado de la Unua de Marto", grandskala protesta movado kontraŭ la japana koloniado. La japana polico komplete subpremis ĝin kaj murdis multajn koreojn. Sed en Japanujo amaskomunikiloj priskribis la koreojn kiel tumultojn, kaj inter japanoj faris grandan timon al koreoj. Tiel japanoj ekkovis miksitan senton de malestimo kaj timo al koreoj.

Kiam la nordorienta Ĉinujo fariĝis la bazo de rezistado de koreaj enmigrintoj kontraŭ Japanujo, la japana armeo plenumis operacon ekstermi vilaĝon de koreaj enmigrintoj, kiu estis kaŝejo de rezistantoj. La menson de Japanaj soldatoj detruis bataloj kontraŭ partizanoj kaj murdoj kontraŭ civiluloj en la kontraŭrevolucia milito, Siberia Interveno, kiun oni daŭrigis dum kelkaj jaroj ekde 1918, la sekva jaro de Rusia Revolucio. Kiam la soldatoj revenis al sia lando, ili portis kun si la detruitan menson al la japana socio.

Poste okazis la Granda Tertremo en la unua de septembro 1923. Kio sekvis, estas la temo de tiu ĉi libro. Ĉi tie mi deziras ripete emfazi, ke tiama Tokio ne estis sovaĝa kaj fermita loko, sed urbo, kie oni vivis en moderna vivmedio same kiel ni; tamen tiuj ĉi modernaj homoj furioze faris kruelan masakron pro rasismo el koloniismo, stimulite de propagando fare de potenculoj kaj de amaskomunikiloj. La kuraĝo de laboristoj, kiuj luktis kun potenculoj por siaj rajtoj, tiam ŝprucis kiel perforto kontraŭ senkulpaj koreaj laboristoj. Nome, tiu ĉi masakro absolute ne estis naskita de malmoderna socio. Tio estas la kialo, kial oni akceptis tiun ĉi libron, ke "tiu ĉi afero ne estas pasinta, sed aktuala", en Japanujo en 2014.

Kaj rasismo kaj ĝia kreskado pere de amaskomunikiloj ne estas pasintaĵoj. Male, lastatempe rasismo kaj ŝovinismo vastege cirkulas en la tuta mondo. Ni, homoj, bone scias ke rasismo kondukas al "bestigo", per kiu oni traktas diskriminaciatojn kiel "bestojn", kaj evidente la fino de la vojo estas masakro.

En tiu ĉi libro mi rebildigis scenojn de la masakro, kiuj aperis ĉie en kaj ĉirkaŭ tiama Tokio, per priskriboj de koreoj kaj japanoj, kiuj tie efektive ekzistis. Mortigitaj ne estis objektoj nek bestoj, sed unuopaj homoj, kiuj havis sian propran nomon. Mi atentis ke la "bestigitaj" viktimoj aperu kiel homoj el fragmentaj dokumentoj. Mi tre ĝojus, se pere de la libro vi komunigus la memoron de Tokio en septembro 1923 kiel tiun de homoj en la tuta mondo.

Aldono:

En septembro 2017, kiam la Esperanta versio estis preskaŭ kompletigita, okazis nepardonebla afero rilate al la masakro okazinta antaŭ 93 jaroj. Koike Yuriko, la guberniestrino de Tokio, rifuzis sendi kiel guberniestro funebran mesaĝon al la memora ceremonio, kiun oni okazigas en la unua de septembro, por la koreaj viktimoj. Ĝis tiam ĉiujare guberniestro de Tokio sendis funebran mesaĝon al ĝi ekde la jaro 1973, kiam oni starigis funebran monumenton por la koreaj viktimoj, en la angulo de parko en Tokio. Oni reagis al la decido de Koike per grandaj miro kaj antipatio, ĉar ĝis tiam ŝi atente kaŝis malantaŭ si la dekstran penson, kaj per tio ŝi gajnis larĝan popularecon. Nuntempe en Japanujo multiĝas ekstremdekstruloj, kiuj insistas ke efektive neniam okazis la masakro kontraŭ koreoj. Ankaŭ ĉi tie aperas la temo pri malfacileco akcepti negativan historion de sia lando.

エスペラント版のための序文

　1923年9月、東京を未曾有の大地震が襲った。都市火災によって数日で10万5000人が亡くなった。その後の混乱の中で、日本の庶民や軍人たちは怒りに任せて無数の朝鮮人・中国人の労働者を無差別に虐殺した。本書はこの日本近代史に残るジェノサイド事件の顛末を描いたものである。
　刊行当時、この本は大きな反響を呼んだ。しかしそれは、歴史の記録としてではない。ある読者の感想が、その受け止められ方を一言で説明している。「これは昔の話ではない。今の話だ」。
　本書が刊行された2014年当時の日本では、右翼政権の下で歴史修正主義や周辺諸民族へのレイシズムが高揚していた。差別主義者団体は、朝鮮人集住地区で「朝鮮人を殺せ」と叫ぶデモを行ない、テレビは連日のように、中国人をあざ笑う番組を放映していた。差別は、日本国内の先住民族であるアイヌや琉球人にも向けられた（こうした状況――右翼政権を含め――は、2018年3月の今も続いている）。
　多くの人が、レイシズムがその先にどのような疫災をもたらすのかと不安を抱いたとき、本書は、その先にあるのが何かを歴史の中に示して、反響を呼んだのである。
　私は、このエスペラント版で、近代の日本人が行なったこの大規模な虐殺について世界の読者に知ってほしいと思う。しかし同時に、「これは昔の日本の話であるだけでなく、今の私たちの話だ」と受け止めていただければとも願っている。
　レイシズムは、過去の特定の地域の産物ではなく、現代世界のそれぞれの地域で、人々が立ち向かわなければならない危険な存在だからだ。

とは言うものの、1923年9月の東京を舞台にした本書を理解していただく上で、東アジア以外の地域に住む読者のために、1923年に至る日本近代の歴史についての最低限の説明が必要だろう。

19世紀半ばまで、日本は徳川家を頂点として諸侯が各地に領地をもつ封建体制下にあった。しかし、アメリカの軍艦が近代的な武力を見せつけて自由貿易を迫った事件をきっかけに、若い下級武士たちによる革命運動が始まる。彼らは1868年、徳川家支配を倒して中世以降、権力を失っていた皇帝を擁立した近代政府を成立させる。

新しい日本政府は、政治、経済、社会の近代化を急いだ。資本主義を創出し、さらに中国（清王朝）と戦争して勝利し、台湾を割譲させた。日本は後発の帝国主義国になったのだ。同時に、近代化の過程で民主化運動が起こり、制限選挙で議員を選出する議会と政党が誕生する。

隣国の朝鮮では、14世紀以来の朝鮮王朝が続いていた。これは、官僚制度を通じて貴族たちが国王を支える中央集権体制だった。

1904年、朝鮮と、その北にある中国東北部への影響力行使をめぐる対立から、日本はロシアと戦争し、勝利を収める。この勝利によって、日本は1910年、朝鮮を日本の植民地とした。その過程で、朝鮮の知識人や民衆はゲリラ戦で抵抗した。

こうした歴史的経緯の先に、本書の舞台となる1923年がやってくる。

1923年の東京では、人々はすでに同時代の欧米に近い水準の都市生活を謳歌していた。街路には路面電車が走り、富裕な層は自動車でドライブを楽しんだ。学生はカフェでマルクスについて議論し、ニュースと娯楽を提供する大衆新聞が広く読まれていた。家庭には電灯がともり、人々は休日には百貨店に行き、エレベーターで各階を見て回った。

労働者たちは自らの権利に目覚め、しばしば労働争議や暴動に訴えた。ホワイトカラーを中心とした中産階級は、制限選挙ではなく普通選挙を実現することを求めてデモを行ない、政府や政党を動かした。進歩的な空気が満ちたこの時代は、日本の皇帝年号をとって「大正デモクラシー時代」と呼ばれる。

要するに1923年の東京は、すでにモダニズムの時代であり、決して現代と異質で野蛮な時代ではなかったということだ。
　だがその一方で、日本は過酷な植民地統治国だった。朝鮮では、日本の軍事的支配と強引な土地改革によって多くの貧しい農民が中国東北部に流出し、あるいは日本に渡って不安定な建設労働者となった。日本人は、朝鮮との古くからの交流の歴史を忘れ、朝鮮人を蔑視するようになった。
　1919年、朝鮮において、日本の支配に対する大規模な抗議運動「三一独立運動」が起こると、日本の警察はこれを徹底的に弾圧し、多くの人が殺された。ところが日本本土のマスメディアは抗議者を暴徒として描き出し、朝鮮人を日本人の恐怖の対象に仕立ててしまった。蔑視と恐怖がないまぜになった感情が、朝鮮人に向けられるようになった。
　さらに、中国東北部が朝鮮人移民の日本へのレジスタンスの拠点となると、日本軍はレジスタンスのふところとなった朝鮮系移民の村を全滅させる作戦を行なう。ロシア革命の翌年、1918年から数年間、続けられた、反革命のためのシベリア出兵におけるロシア人レジスタンスとの戦いと共に、民間人を殺害した戦場での経験は兵士たちの心を荒廃させた。彼らは帰還兵となってその荒廃を日本社会に持ち帰る。
　その先に、1923年9月1日の大地震がやってきた。その後に起きたことについては、本編を読んでいただきたい。
　ここで私が強調したいのは、繰り返しになるが、当時の東京がけっして野蛮で閉鎖的な場所ではなく、今の私たちと同様の、近代的な生活を送る人々の都市だったということであり、にもかかわらず、その近代的な人々が、植民地支配がもたらすレイシズムと、それを増幅する権力とマスメディアの宣伝によって残忍な虐殺に走ったということである。そのとき、自らの権利のために権力と闘ってきた労働者たちの勇敢さは、罪もない朝鮮人労働者への暴力として表現されたのである。
　つまり、この虐殺は断じて、前近代社会の産物ではないのである。2014年の日本で、本書が「これは昔の話ではない。今の話だ」と読まれた理由がここにある。

レイシズムも、マスメディアを通じたその増幅も、決して過去のものとはいえない。それどころか近年、世界的にレイシズム、排外主義がひどくまん延している。レイシズムの先にあるのは、相手を人間ではない存在として見る「非人間化」であり、さらにその先にあるのは、必ずジェノサイドであることを、私たち人類は、よく知っているはずである。

　本書は、当時の東京とその周辺の至るところに出現したジェノサイドの現場を、そこに確かに存在した朝鮮人や日本人の姿を描くドキュメントとしてよみがえらせたものである。殺されたのは、モノでも動物でもない。一人ひとりの、名前を持った人間たちである。私は、断片的に残された資料から、「非人間」化された彼らの姿を人間として浮かび上がらせようと心がけた。本書を通じて、1923年9月の東京の記憶を、世界人類の記憶として共有していただければ幸いである。

追補

本著のエスペラント訳が完成に近づいた2017年9月、93年前の虐殺事件との関係で許しがたい出来事があった。小池百合子・東京都知事が、9月1日に行なわれる朝鮮人追悼式典への都知事としての追悼文送付を取りやめたのである。1973年、東京都の公園の一角に朝鮮人犠牲者を追悼する碑が建立されて以来、毎年、都知事が追悼式典に追悼文を送っていた。小池都知事はその右翼的思想をこれまで注意深く後ろに隠すことで幅広い人気を得ていたから、このことは大きな驚きと反発をもって迎えられた。日本では今、「朝鮮人虐殺などなかった」と主張する極右の人々が増えている。負の歴史に向き合うことの困難というテーマが、ここにもあらわれている。

Antaŭparolo:
De strato en Sin-Ôkubo

En la jaro 2013, 90 jarojn post la Granda Tertremo en la regiono Kantô, mi pasigis longan tempon sur stratoj en la urbo Sin-Ôkubo, Tokio.

Ekde la antaŭa jaro, rasistaj grupoj ekz. Zaitokukai (Societo de civiluloj kontraŭ privilegio de alinacianoj loĝantaj en Japanujo) manifestaciis laŭte kriante: "Forpelu koreojn," kaj alte tenante afiŝojn kun vortoj: "Mortigu koreojn, egale, ĉu bonajn, ĉu malbonajn." Ĉe vi, legantoj, eble ankoraŭ restas freŝa memoro pri la ŝovinismaj manifestacioj, kaj ankaŭ pri la protestado kontraŭ ili.

La rasistoj ripetis manifestacion kaj minacadon pro diskriminacia sento ĉie, kie koreoj[*1] vivas kaj komercas. Krome, ili faris marŝon sur stratetoj, kiun ili nomis "promenado". Ili kriis antaŭ butikoj: "Akaro, rubo, vermo," al koreaj vendistoj kaj japanaj adorantoj de Korea Ondo.[*2]

Tiu ĉi malestiminda agado skuis tiom da homoj, ke ekde februaro 2013 multe venis en la urbo protestantoj kontraŭ la rasistaj manifestacioj. La protesta movado vekis publikan opinion kaj japanan aŭtoritatularon, kaj konsekvence en la julio la rasistoj jam ne plu povis tiel ofte manifestacii en Sin-Ôkubo.

Ankaŭ mi preskaŭ ĉiusemajne partoprenis en la protestado sur stratoj en

---

[*1] Hodiaŭ japanlingve *Kankoku-zin* signifas koreojn el Sud-Koreujo (*Kankoku*, precize Korea Respubliko), kaj *Kita-Tyôsen-zin* signifas koreojn el Nord-Koreujo (*Kita Tyôsen*, precize Korea Popoldemokratia Respubliko). Tra la libro principe mi esperantigas ambaŭ per la vorto *koreoj*.

[*2] Korea Ondo: Disvastiĝo de la kulturo de Korea Respubliko (Suda Koreujo), ĉefe per televida dramo, muziko aŭ kuiraĵo.

la urbo.

Mi naskiĝis kaj kreskis en Sin-Ôkubo. Kvankam la strato Ôkubo-dôri multe ŝanĝis sian aspekton de tiu en la 1970aj jaroj, la urbo ankoraŭ estas mia hejmloko. Tie delonge vivas koreoj pli multe ol en aliaj areoj, kaj ankaŭ diversnaciaj homoj loĝas en la urbo pro proksimeco al Sinzyuku, unu el la centraj areoj de Tokio.

La rasistaj grupoj invadis tiun ĉi urbon. Ili ofendis la loĝantojn, ĝenis ties komercadon, metis iluzian limon inter "japanoj" kaj "la ceteraj", kaj kriaĉis je sia infaneca penso: "Sin-Ôkubo reiru al la manoj de japanoj." Ili kondutis, kvazaŭ la urbo estus ilia propraĵo. Tiam intensiĝis mia indigno kontraŭ la invadantoj.

Ekde la marto mi ĉiufoje partoprenis en la protestado. Kune kun multaj aliaj mi alte tenis afiŝon kaj disdonis flugfoliojn surstrate por kontraŭi ŝovinisman manifestacion venantan.

La manifestacio kun insulta kriado, kiun mi efektive spertis, estis multe pli abomena ol mi aŭdis. Sono de milita klariono malfermis la aĉan spektaklon. "Batu, kaj mortigu!" "Draŝu, kaj forpelu!" sekvis kalumniaj sloganoj. Japanaj flagoj nacia kaj milita flirtis tro multe kompare kun la nombro de manifestaciantoj. Troviĝis jen viro en militista kostumo, kaj jen maskulo kvazaŭ spektakla luktisto tutkorpe kovrita per japana flago. Kaj iu alia viro ĵetis aĉajn vortojn al klientoj en la butikoj de Korea Ondo. Iliaj agoj estis neniam pardoneblaj, kaj la stulteco sufiĉis por tro lacigi min.

Tamen, kiam frapis miajn okulojn la vorto *Hutei-Tyôsenzin*[*3] (ribelemaj[*4] koreoj) sur iliaj afiŝoj, miaj haroj subite hirtiĝis, ĉar venis al mi la memoro pri masakro kontraŭ koreoj en 1923 okaze de la Granda Tertremo en Kantô, kaj trafis min aludo, ke la krio: "Mortigu!" de la rasistoj spegulas iaman krion: "Mortigu!" sur stratoj en Tokio antaŭ 90 jaroj.

La Granda Tertremo okazis en Kantô, nome la orienta regiono de Japanujo, en 1923, pro kiu pereis pli ol 100 mil homoj. La katastrofon sekvis terura kruelaĵo: senescepta masakro kontraŭ koreoj (kaj ĉinoj) fare de civiluloj kun tranĉilo kaj bambua lanco. Ili miskredis senbazan onidiron, ke koreoj bruligas domojn aŭ venenas putojn. Eĉ la aŭtoritatularo kaj la armeo miskredis la onidirojn, iniciate propagandis, kaj foje mem faris murdojn. Tokio tiutempe estis urbo de amasbuĉado kiel iama Jugoslavujo kaj Ruando.

Tertremego iam ajn povas ree okazi en la urbo, kie en pasinteco ordinaraj homoj faris masakron stimulite de onidiroj pro rasismo. Nun en tiu ĉi urbo, same kiel en la pasinteco, oni lasas la krion: "Ekstermu ĉiujn koreojn!" Kial ni rajtas esti silentaj?

"Mi aŭdis de mia avino, ke japanoj subite ŝanĝas sian mienon, tial ili estas teruraj." Trakuris min la vortoj, kiujn mi iam aŭdis de koreino loĝanta en Japanujo.

La Granda Tertremo en Kantô ne estas pasintaĵo; ĝi estas rekte ligita al la nuno kaj al la estonteco. La timo urĝis min alvoki miajn kolegojn, kun kiuj mi iam agadis en la protestado surstrate. Ni vizitis diversajn lokojn tra Tokio, kaj fotis sinsekve ĉiun lokon, kie okazis masakro antaŭ 90 jaroj. Kaj ni malfermis blogon por komuniki tion, kio okazis en tiuj lokoj, surbaze de tiamaj dokumentoj kaj travivaĵoj de persekutitoj. La blogo kun anonco, ke ni ĝisdatigos nur dum septembro 2013, tamen vekis multajn eĥojn de tiuj, kiuj serioze timas hodiaŭan socian tendencon, nome kreskado de rasismo.

Tiu ĉi libro estas kompilaĵo de la blogo kun aldonaj skribaĵoj, kaj ĝi ne celas "ekspliki" la tuton de la historie grava evento. Ĝi entenas minimumajn klarigojn, por ke vi kaptu la esencon kronologie, sed apenaŭ temas pri agoj de tiamaj politikistoj kaj pri historiaj disputoj en pli posta tempo. La libro celas

*3 ofenda esprimo, kiu signifas koreojn ribelemajn al la japana ŝtato.

*4 La vorto "ribelema" en tiu ĉi uzo havas historian fonon. En la libro *La masakro kontraŭ koreoj okaze de la Granda Tertremo en Kantô – La respondeco de la registaro kaj de la popolanoj,* la esploranto YAMADA Syôzi atentigis, ke en tiu tempo, japanaj ĵurnaloj esprimis naciliberigan movadon fare de koreoj kiel "intrigon". Kaj la vortoj "intrigo" kaj "ribelema" estis ligitaj al la vidpunkto de la japana registaro. Mi citu la logikon el la libro: "Naciliberiga movado fare de koreoj estas 'malbono', ĉar ĝi ribelas kontraŭ la japana ŝtato. Sekve, la movado estas 'intrigo', kaj la koreoj, kiuj faras la 'intrigon', estas 'ribelemaj'." (p.120) "eksenti" la realon, kiun diversaj homoj renkontis surstrate en Tokio antaŭ 90 jaroj. Notu, ke la libro inkluzivas ne ĉion de la ĉefaj aferoj, nek kolektis la plej kruelajn kazojn, mi petas.

Kiel Sin-Ôkubo multe ŝanĝis sian aspekton en dekkelkaj jaroj, ŝajne tempo ŝanĝis ĉion, tiel ke malfacilas trovi spurojn antaŭ 90 jaroj sur stratoj en Tokio. Sed fakte, kaj en urboj kaj en homaj koroj ankoraŭ aŭdiĝas "postsono" de la masakro. Ni do reiru al la stratoj trans 90 jarojn por aŭskulti la postsonon eĉ nun aŭdeblan.

Japanaj propraj nomoj en latinaj literoj

Kvankam ankoraŭ ne estas fiksita la ortografio de la japana lingvo, praktike funkcias du skribsistemoj: Hepburn kaj Kunrei. Hepburn hodiaŭ estas ofte uzata kaj facile trovebla en la interreto kaj en aliaj medioj, sed sen indikilo de longa vokalo*. Ĉar Kunrei estas pli racie konstruita kaj ortodoksa, en tiu ĉi esperantlingva eldono la japanaj propraj nomoj personaj kaj geografiaj skribiĝas laŭ Kunrei krom tiuj, kiuj jam estas esperantigitaj.

Sube estas tabelo de la diferenco inter la sistemoj: Kunrei, Hepburn kaj Esperanto.

Kunrei	hu	si	ti	tu	zi
Hepburn	fu	shi	chi	tsu	ji
Esperanto	hu	ŝi	ĉi	cu	ĝi
K	sya	syo	syu		
H	sha	sho	shu		
E	ŝa	ŝo	ŝu		
K	tya	tyo	tyu		
H	cha	cho	chu		
E	ĉa	ĉo	ĉu		
K	zya	zyo	zyu		
H	ja	jo	ju		
E	ĝa	ĝo	ĝu		
K	â	ê	î	ô	û	n
H	a	e	i	o	u	n/m**
E	aa	ee	ii	oo	uu	n

*   Longa vokalo estas grava ero en la japana; ekz. Honzyo kaj Honzyô estas malsamaj loknomoj.
** Laŭ Hepburn, antaŭ la litero *b*, *m* aŭ *p*, oni anstataŭigas la literon *n* per *m*.

Referenciloj

La numero apud vorto aŭ frazo montras noton de la aŭtoro. La asteriskita numero montras tiun de la tradukinto.

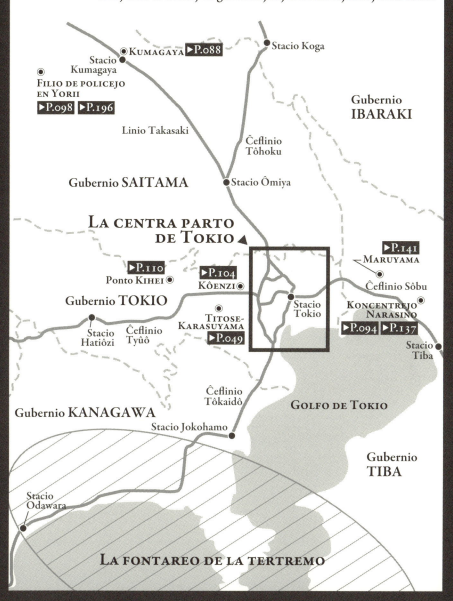

Septembre, surstrate en Tokio
Granda Tertremo en la regiono Kantô 1923 - Postsono de Masakro

Enhavo

Antaŭparolo por la Esperanta versio   5
エスペラント版のための序文   9
Antaŭparolo: De strato en Sin-Ôkubo   13

Japanaj propraj nomoj en latinaj literoj, Referenciloj   17
Mapo de la lokoj menciitaj en tiu ĉi libro   19

Ĉapitro I
Septembro 1923,
Urbo de masakro

Sabate, la unua de septembro 1923, je 11h58 atm
En la regiono Kantô
Magnitudo 7.9   26

Dimanĉe, la 2a de septembro 1923, antaŭ tagiĝo
Antaŭ la policejo Sinagawa (Kvartalo Sinagawa, Tokio)
"Mortigu Koreojn"   30

Dimanĉe, la 2a de septembro 1923, je la 5a atm
Ĉirkaŭ la kanalo Arakawa kaj la ponto Eksa Yotugi-basi
(Kvartaloj Katusika kaj Sumida, Tokio)
Kvazaŭ ŝtiparo   34

Dimanĉe, la 2a de septembro 1923, tagmeze
En Kagurazaka-Sita (Kvartalo Sinzyuku, Tokio)
Krimo sub taglumo en Kagurazaka   37

Dimanĉe, la 2a de septembro 1923, posttagmeze
Ĉe la Policprefektejo (Kvartalo Tiyoda, Tokio)
    KIAM POLICO KREDAS SENBAZAN ONIDIRON   40

Dimanĉe, la 2a de septembro 1923, je la 2a ptm
Ĉirkaŭ la stacidomo Kameido (Kvartalo Kôtô, Tokio)
    URBO EN TUMULTO   45

Dimanĉe, la 2a de septembro 1923, je la 8a ptm
En Titose-Karasuyama (Kvartalo Setagaya, Tokio)
    POR KIUJ ONI PLANTIS LA KASTANOPSOJN?   49

Septembro 1923
Ĉirkaŭ la ponto Eksa Yotugi-basi (Kvartaloj Katusika kaj Sumida, Tokio)
    LI PLOREGIS: "NENION MI FARIS!"   55

Lunde, la 3a de septembro 1923, antaŭtagmeze
Ĉe la parko Ueno-Kôen (Kvartalo Taitô, Tokio)
    FACILE INSTIGEBLA HOMO   58

Lunde, la 3a de septembro 1923, je la 3a ptm
En la urbo Higasi-Ôzima (Kvartaloj Kôtô kaj Edogawa, Tokio)
    KIAL ONI MURDIS ĈINOJN?   62

Lunde, la 3a de septembro 1923, je la 4a ptm
Ĉirkaŭ la ponto Eitai-basi (Kvartaloj Kôtô kaj Tyûô, Tokio)
    KIO ESTAS ENFERMITA EN MALPRECIZECON   68

Marde, la 4a de septembro 1923, je la 2a atm
Sur la ferponto Arakawa de la fervoja linio Keisei
(Kvartaloj Adati kaj Katusika, Tokio)
    NENOMBREBLAJ CIKATROJ   72

Marde, la 4a de septembro 1923, matene
En la policejo Kameido (Kvartalo Kôtô, Tokio)
    EN LA POLICEJO   75

Septembro 1923
Ĉirkaŭ la ponto Eksa Yotugi-basi
(Kvartaloj Katusika kaj Sumida, Tokio)
    **ILI ESTIS PAFMORTIGITAJ
    PER MAŜINPAFILOJ FARE DE SOLDATOJ**   79

ĈAPITRO 2
SEPTEMBRO 1923, KOŜMARO ETENDIĜANTA AL LA ĈIRKAŬAJ REGIONOJ

Septembro 1923
En la regiono Kita-Kantô (Norda Kantô)
    ONIDIROJ VETURIS PER TRAJNOJ   84

Marde, la 4a de septembro 1923
En la urbo Kumagaya (Gubernio Saitama)
    KUN LA HURAO "BANZAI"   88

Merkrede, la 5a de septembro 1923
Ĉirkaŭ la templo Rakan-zi (Kvartalo Kôtô, Tokio)
    DEK SES OFERITOJ   94

Ĵaŭde, la 6a de septembro 1923
En la filio de la policejo en Yorii (Urbeto Yorii, Gubernio Saitama)
    LA MORTO DE NAJBARO   98

Septembro 1923
En la areo Kôenzi (Kvartalo Suginami, Tokio)
    AVO DUONLUNO EN KÔENZI   104

Ĉirkaŭ la dimanĉo de la 9a de septembro 1923
En la ubro Ikebukuro (Kvartalo Tosima, Tokio)
    JEN IRAS KOREO!   107

Septembro 1923
Ĉe la ponto Kihei-basi (Urbo Kodaira, Tokio)
EN PROFUNDO DE LA ARBARO EN MUSASINO 110

Merkrede, la 12a de septembro 1923, antaŭ la tagiĝo
Ĉe la ponto Sakasai-basi (Kvartalo Kôtô, Tokio)
WAN XITIAN, SENSPURA DUM 70 JAROJ 115

ĈAPITRO 3
HOMOJ TRAVIVINTAJ LA SEPTEMBRON

Travivo de la patro de la verkisto Hosaka Masayasu
ESTIS TRO KRUELA VIDAĴO 124

La masakro kontraŭ koreoj el la vidpunkto de geknaboj
NUR LA KAPO DE KOREO KUŜIS SUR LA TERO 128

La afero, kiu naskis la nomon "Senda Koreya"
MISPRENITA JAPANO 133

Murditoj en la koncentrejo en Narasino
LA CINDROJ ELFOSITAJ
75 JAROJN POST LA AFERO 137

La vilaĝanoj, kiuj ŝirmis siajn najbarojn
"NI NENIAM PERMESOS VIN
EĈ TUŜETI LA KOREOJN" 141

"Soleco" de Akita Uzyaku
ŜTONIĜU, MALBELAJ SKELETOJ! 147

La alia vizaĝo de japanoj, kiun vidis Orikuti Sinobu
ĈU VI SCIAS, KIUN VI MORTIGIS? 151

Kaŝita vorto de Akutagawa Ryûnosuke
>   **PLEZURI ĈE MASAKRO ESTAS NEPARDONEBLE** 154

La deputito, kiu oponis al aŭtoritato, Tabuti Toyokiti
>   **INDIGNO DE "SENPARTIULO"** 159

Perspektive 1
>   **KIAL OKAZIS LA MASAKRO?** 163

Perspektive 2
>   **KIOM DA HOMOJ ESTIS MURDITAJ?** 167

ĈAPITRO 4
LA SEPTEMBRO POST 90 JAROJ

Funebrantoj
>   **LA MONUMENTO ĈE LA PONTO "YOTUGI-BASI"** 172

Abomenantoj
>   **REVIVIĜO DE "MORTIGU KOREOJN"** 179

>   **EN LA JARO 2005, SURSTRATE EN NEW ORLEANS** 186

La vortoj de Isihara pri "Sangoku-zin" kaj Elita Paniko
>   **TOKIO ANKORAŬ TENAS EN SI LA TRAŬMATON, KIU NASKIĜIS ANTAŬ 90 JAROJ** 192

>   **KONTRAŬI "BESTIGON"** 196

POSTPAROLO 200

POSTPAROLO DE LA TRADUKINTO 202

Ĉapitro I
Septembro 1923, Urbo de masakro

Sabate, la unua de septembro 1923, je 11h58 atm
En la regiono Kantô

MAGNITUDO 7.9

Estis sabato. Forte pluvis de antaŭ la tagiĝo ĝis la 10a horo, kaj poste la vetero fariĝis nuba, humida kaj varma.

URABE Masao, la 16-jara knabo loĝis en la urbo Nagaoka-tyô, la kvartalo Honzyo (nun Isiwara 4 tyô-me, la kvartalo Sumida). Li kutimis tage helpi al sia patro en la laboro de brokantejo, kaj vespere viziti lernejon. Tiutage lia tagmanĝo estis *sekihan* kaj *niŝime*[*1]. En la unua tago de ĉiu monato liaj familianoj manĝis *sekihan* laŭ komercista kutimo. Kiam Masao kaj liaj gepatroj sidis ĉe la tablo, lia 4-jara fratineto ludis ekstere, kaj lia pliaĝa frato dejoris en malsanulejo.

Nur minutojn antaŭ la tagmezo, abrupte ŝveliĝis la planko sub ili kaj forte ekskuiĝis dekstren-maldekstren. "Tertremo! Granda," kriis lia patro. Masao, apenaŭ tenante sin je kolono, elŝovis la kapon eksteren: ja nun la unuetaĝa apartamentaro malantaŭ lia domo estis disfalanta.

Je la 11a horo kaj 58 minutoj atm, la granda detruo trafis Japanujon je la 7a grado de sisma intenso[*2] maksimume, je magnitudo 7.9, kies sismocentro etendiĝis vaste de la golfo Sagami en la gubernio Kanagawa ĝis la suda pinto de la duoninsulo Bôsô. En nur kelkaj minutoj da tempo la tertremego disfaligis pli ol 100 mil domojn ĉefe en Tokio kaj Kanagawa.

La domo de la familio Urabe, tiutempe ankoraŭ nova, sendifekte staris, sed ĝin minacis proksimiĝanta fajro. La patro diris al siaj familianoj, ke li atendos ilin ĉe la stacidomo Kinsi-tyô, kaj tuj iris tirante ĉaron ŝarĝitan per domaj propraĵoj de li kunigitaj. Masao ŝarĝis alian ĉaron per la ceteraj propraĵoj, kaj kun siaj patrino kaj fratineto sekvis la patron. Sed baldaŭ ili trovis sin sen mezo de fajro. Li tiris manon de la patrino, kiu sidis sur la tero kaj flustris preĝon al Budho. Li ankaŭ prenis la fratineton sur sian dorson, kaj kuris tien kaj reen por eviti la fajron. La stacidomo Kinsi-tyô, kie lia patro atendus, jam statis danĝera. Rezigninte kuniĝi kun la patro, Masao plu kuris evitante fajron. Je la 4a ptm, fine ili alvenis al la urbo Ôzima-mati (la nuna kvartalo Kôtô), kie loĝis ilia konato.

La fajro estis haltigita ĉe la kanalo Yokozikkengawa, kiu situas tuj antaŭ la urbo Kameido, kaj ne invadis apudajn areojn de Ôzima. Tamen, en la direkto, de kie li venis, nigra fumo envolvis ĉion en Honzyo kaj en Hukagawa. Zinkaj ladoj supren blovitaj ŝvebis kvazaŭ rostitaj folioj de marherbo[*3], kaj ili fojfoje falis proksimen de domoj kun groteska sono. En vespera krepusko ruĝiĝis la tuta ĉielo super la urbocentro.

La urbocentro plejparte pereis. Grandiĝis la incendio pro tio, ke la tertremego okazis ĝuste tiam, kiam oni preparis tagmanĝon. Diversloke kaj samtempe ekflamis la falintaj lignaj domoj, kaj la fajro disvastiĝis pro forta ventblovo. La forbrulinta areo okupis 44 procentojn de Tokio, kaj ja 80 procentojn de Jokohamo. En la 3a matene, finfine oni estingis la fajregon, kiu detruis la urbocentron tiel vaste, ke sur la deklivo Kudan oni povis panorame vidi la golfon de Tokio.[*4] Ĉirkaŭ 293 mil domoj estis disfalintaj aŭ forbrulintaj, kaj pli ol 105 mil homoj estis mortintaj aŭ perditaj. La sumo de financa damaĝo estis 3,4-obla ol tiu de la tiama ŝtata buĝeto.

La plej gravan damaĝon oni havis en la placo Rikugun-Hihukusyô-Ato (La tereno de la iama terarmea vestaĵ-fabriko)[*5], kie nun kuŝas la parko

[*1] Sekihan estas manĝaĵo el glutena rizo vaporkuirita kun ruĝaj fazeoloj. Niŝime estas la nomo de bolkuiritaj legomoj sojsaŭce gustigitaj. Ambaŭ estas manĝataĵ ofte en festo-tago.

[*2] Laŭ la nuna japana mezuro por la intenseco de tertremo.

[*3] Unu specio de manĝeblaj marherboj. *Nori (japane)*. Ĉi tie la figuro signifas paperforme platigitan, sekigitan kaj rostitan por manĝi.

[*4] La areo Kudan situas dekkelkaj kilometrojn malproksime de la golfo de Tokio.

[*5] La fabriko Hihukusyô produktis vestaĵojn, ŝuojn kaj ceterajn necesaĵojn por Japana Terarmeo. Post translokiĝo en la jaro 1919, la loko fariĝis vastega placo, sur kiu oni planis fari parkon.

La animejo Tokio, kiu staras en la parko Yokoami-tyô-Kôen, kaj en kiun oni metis cindrojn de la viktimoj de la Granda Tertremo en Kantô. Tridek ok mil homoj pereis ĉi tie, kie estis Rikugun-Hihukusyô. Post la Dua Mondomilito oni metis ankaŭ cindrojn de civilaj viktimoj pro la Granda Aerataka al Tokio[*7] ktp.

Yokoami-tyô-Kôen kaj ĉirkaŭajoj en la kvartalo Sumida. Rifuĝis 40 mil homoj en tiun vastegan placon, kie tiam la parko estis konstruata. Trafis la placon intensa "fajra ŝtormo"[*6] kaŭzita de ĉirkaŭaj fajroj, kaj ĝi pereigis 38 mil homojn.

En la mateno de la 2a, Masao iris al la urbocentro por serĉi siajn patron kaj fraton. En la ruinoj tie kaj ĉi tie kuŝis karbiĝintaj kadavroj. Survoje li renkontis strangaĵon: kelkaj viroj trenas kaj paŝigas koreon katenitan per metalfadenoj.

"Jen, tiu ĉi fiulo ŝtelis aĵojn el mortintoj. Vidu ĉi tion!"

Unu el la viroj montris al Masao sitelon, en kiu troviĝis kelkaj brulintaj aĵoj: brakhorloĝo, ringo k.a.

Ĉu la koreo vere ŝtelis ilin? Mi ne estas certa. Por eviti miskomprenon mi diru, ke post la Granda Tertremo fakte troviĝis fiuloj, kiuj priŝtelis mortintojn, sed plejparte la krimuloj estis japanoj.[1]

Masao ne volis esti envolvita en ilian aferon, ĉar li estis plena de timo, ĉu la patro kaj frato estas sekuraj. Li tuj ekpaŝis denove. Sed tio, kion li vidis, estis "antaŭsigno" pri grandega kruelaĵo, kiu sekvis la katastrofon.

Timo kaj kolero estis grandiĝantaj en la koro de suferantoj pro la abruptaj amasa pereo kaj detruo, kontraŭ kiuj ili nenion povis fari. Dum la paralizo de komunikiloj kaj pro detruiĝo de preskaŭ ĉiuj gazetejoj en Tokio, ekcirkulis timigaj onidiroj anstataŭ ĝustaj informoj, kvazaŭ iu donus konkretan formon al la nevidebla timo: "Denove okazos tertremo…," "Sinagawa ruiniĝis pro cunamo…," "La ĉefministro estas mortigita…" Inter ili kreskis la onidiro pri ribelo de koreoj: "Koreoj incendias diversloke…," "Koreoj venenas putojn de loko al loko…," "Koreoj… Koreoj…"

Kun moviĝo de rifuĝintoj la onidiroj kreskis kaj disvastiĝis akirante strangan konkretecon: "Tricent koreoj trupe marŝas de iu loko al iu loko," "Restas nur kelkaj kilometroj ĝis ĉi tie," ktp. La onidiro pri "ribelo de koreoj" naskiĝis en iuj partoj de Jokohamo kaj Tokio posttagmeze en la tago de la tertremego, kaj vespere ĝi jam efektive kaŭzis persekutadon kontraŭ koreoj en iuj areoj.

Masao multfoje vidis ĝin per siaj propraj okuloj de post la tago.

---

1   Yamada Syôzi, emerita profesoro de la universitato Rikkyô, atentigis, ke la tribunalo en la kvartalo Tokio traktis proksimume 4400 kazojn de ŝtelaj aferoj okaze de la Granda Tertremo en Kantô, kaj ke la nombro de la koreaj arestitoj, pro entute 15 ŝtelaj aferoj, estis 16, laŭ la raporto de la Ministerio pri Justico.

---

*6   Fenomeno kaŭzita de forta fajrego ekzemple pro bombatako aŭ arbara incendio. Ĝia vertikala forta aerfluo estigas ventegon, kiu entenas fajron.

*7   Aviadila bombatako per brulbomboj kontraŭ Tokio fare de la usona aerarmeo en la 10a de marto 1945, kiu pereigis pli ol 100 mil civilulojn.

Dimanĉe, la 2a de septembro 1923, antaŭ tagiĝo
Antaŭ la policejo Sinagawa (Kvartalo Sinagawa, Tokio)

"Mortigu Koreojn"

> La policejon Sinagawa ĉirkaŭis miloj da homoj. Apenaŭ ili trovis nin, ili svarme atakis nin kvazaŭ lupoj. La teruron en la momento mi ne povas esprimi per vortoj nek per frazoj.
>
> Chun Sok-pil[1]

En la 2a de septembro, antaŭ la tagiĝo, kiam Chun Sok-pil alvenis al la policejo Sinagawa (nun Minami-Sinagawa 1 tyô-me), ĝin ĉirkaŭis svarmanta homamaso.

Chun, loĝanta kun 12 kolegoj en amasloĝejo, estis laboristo por konstruado de gasduktoj en la urbo Ôi-mati. Jam vespere en la unua de septembro, kiam okazis la tertremego, aperis homoj armitaj per glavo, hokstango[2] aŭ segilo. Ili ekkriis: "Mortigu koreojn!"

"Mi ne povis konjekti, kial mi devas esti mortigita. Komence mi dubis, ĉu vere okazos tiel absurda afero, sed kiam mi rigardis tra la fenestro, mi rimarkis, ke ambaŭflanke de la strato vice staras armitaj homoj."

Baldaŭ haste venis en lian loĝejon liaj japanaj amikoj kun terurita mieno. Ili diris: "Estas kriza situacio. Oni mortigos vin, se vi iros eksteren. Restu dome, ni savu vin."

Malfrue vespere vizitis lin policano, soldato kaj 15 aŭ 16 japanaj najbaroj.

"Ni iru al la policejo! Alie, vin ĉiujn oni mortigos."

Ili najlis la pordon de la amasloĝejo. Chun kaj la koreaj laboristoj ekiris al la policejo Sinagawa. La policano kaj soldato gardis la kapon kaj la finon de la marŝanta vico, kaj la najbaroj gardis flankojn de la vico.

Ĉapitro I Septembro 1923, Urbo de masakro

Apenaŭ ili alvenis al ĉefstrato, kun krio sturmis ilin la armita loka Memdefenda Grupo.

"Ĉi tiuj koreoj neniam faris kanajlaĵon! Ne ataku! Ili estas honestaj," daŭre kriis la najbaroj gardante la koreojn, sed bambuaj lancoj plu pikis ilian vicon, kaj pugnobatoj ŝprucis al ilia kapo.

"La atakoj ripetiĝis nememoreble multfoje."

Ili bezonis kelkajn horojn sur la vojo inter Ôi-mati kaj la policejo en Minami-Sinagawa. Ankaŭ la policejon ĉirkaŭis svarmo da furiozuloj. Fine aperis el la policejo la polica brigado, kaj savis kaj gvidis Chun-n kaj la aliajn en la policejon. La tumulto de la homamaso ĉirkaŭanta la policejon daŭris ĝis la mateno.

Ankaŭ en apudaj areoj okazis tumultoj. La dokumento *Historio de la kvartalo Sinagawa* diras, ke en la 2a de septembro, la sekva tago de la tertremego, diversloke aperis memdefendantoj armitaj per glavo aŭ hokstango. La troa eksciteco kaŭzis multajn kruelaĵojn.

En la urbo Ôsaki, Kɪᴍ Yong-taek kaj kvar homoj, laboristoj de la farmacia kompanio Hosi-Seiyaku, grave vundiĝis pro batado per hokstangoj kaj similaj. En la urbo Hiratuka unu koreo vundiĝis pro atako per bambuaj lancoj kaj porto-stangoj, kaj ankaŭ en la 3a, samloke alia koreo grave vundiĝis. En la urbo Sinagawa-mati japana studento de la universitato Meizi ricevis atakon per bambuaj lancoj, hokstangoj kaj glavoj, miskomprenite ke li estas koreo; oni portis lin al malsanulejo, sed li mortis.

En la dokumento de la policejo Sinagawa oni povas legi jenan epizodon:

"(En la 2a de septembro) Vespere ni ekzamenis koreon, kiun oni arestis kaj grave vundis pro la suspekto, ke li kaŝe posedas bombojn. Ni trovis tamen, ke li havas nur ladskatolon de kuirita viando kaj du botelojn de biero."

La ekzameno malkovris, ke la "bomboj", kiujn portis la koreo arestita de

---

1 Korea Universitato en Japanujo: *Veroj kaj Faktoj pri masakro kontraŭ koreoj okaze de la Granda Tertremo en Kantô*

2 Stango ĉ. du metrojn longa kun bekforma feraĵo, per kiu oni detruas brulantan domon por fajroestingado.

la loĝantoj, fakte estis ladskatolo kaj boteloj de biero. Laŭ la dokumento, la policejo kaj ties filio en Ôsaki ŝirmis pli-malpli 130 koreojn.

Tiutempe multaj koreoj venis al Japanujo por okupiĝi pri konstrua laboro de grandaj digoj k.a. Koreujo estis aneksita al Japanujo en la jaro 1910, 13 jarojn antaŭ la katastrofo. Post la anekso multaj malriĉaj terkulturistoj perdis sian kampon kaj falis en situacion de farmistoj, pro la rezulto de la Ter-mezura Projekto farita de la Oficejo de General-Gubernatoro de Koreujo. Dume laborforto mankis al Japanujo pro la ekonomia prospero kaŭzita de la Unua Mondomilito.

Tiel, multaj koreoj venis al Japanujo por akiri laboron, kaj eklaboris kiel fabrik- aŭ konstru-laboristoj. La Ministerio pri Internaj Aferoj statistike taksis la nombron de koreoj loĝantaj en Japanujo je ĉ. 2500 en la jaro 1911, kaj pli ol 80 mil en la jaro 1923, kiam okazis la katastrofo. Supozeble la reala nombro estis pli granda.

En la tempo de la tertremego, plejmulto de tiaj koreoj vivis en Japanujo ankoraŭ malpli longe ol du aŭ tri jarojn. En la jaro 1925 la gubernia polico en Yamaguti raportis, ke 42 procentoj de koreoj, kiuj ĵus alvenis de la korea urbo Busano al la japana urbo Simonoseki, neniom scipovas la japanan. Ne estis

Ĉi tie estis la policejo Sinagawa, kiu jam translokiĝis.

malfacile distingi, ĉu iu estas koreo aŭ japano, ne nur laŭ la nacia kostumo, sed ankaŭ laŭ la mallerta prononco de la japana lingvo. En diversaj lokoj okazis, ke memdefendantoj haltigis pasanton, akre pridemandis, kaj elparoligis vortojn malfacile prononceblajn por koreoj: "Ba Bi Bu Be Bo" aŭ "Ĝuu-go-en Go-ĝissen"[*1].

Tamen, la situacio en Sinagawa ne estis la plej malbona. Samspecaj aferoj okazis diversloke, kaj en iuj regionoj regis multe pli malbona situacio; ekzemple en la loko ĉirkaŭ la ponto Eksa Yotugi-basi super la kanalo Arakawa.

[*1] Ĝuu-go-en Go-ĝissen: 15 enoj kaj 50 senoj. Eno kaj seno estas unuoj de la mono en Japanujo. Unu seno estas centono de eno. Seno jam ne plu estas uzata.

Dimanĉe, la 2a de septembro 1923, je la 5a atm
Ĉirkaŭ la kanalo Arakawa[*1] kaj la ponto Eksa Yotugi-basi[*2]
(Kvartaloj Katusika kaj Sumida, Tokio)

KVAZAŬ ŜTIPARO

(En la unua de septembro) Pluvegis ĉirkaŭ la 10a atm, kaj du minutojn antaŭ la tagmezo ektremis la tero. "Kio, Kio!" ni kriis. Ni ne konis tertremon, kiu ne okazis en nia hejmlando. Post fuĝo el la domo ni aliris la bordon de la kanalo Arakawa, kiu jam estis plena de homoj. Ni forkuris de fajro, transiris la ponton Yotugi-basi, kaj ni, dek kvar samnaciaj kamaradoj, inkluzive du virinojn, kune pasigis la vesperon.

Tiam kvar membroj de Civila Fajrobrigado[*3] venis al ni. Ŝnurinte nin ĉiujn ĉenforme, ili diris: "Ni foriros, sed ne tranĉu la ŝnuron. Alie, ni mortigos vin." Ni atendis senmove. Vespere ĉirkaŭ la 8a ptm ni aŭdis bruon de la kontraŭa bordo, el la direkto de la stacidomo Arakawa (nun stacidomo Yahiro). Kiu povus imagi, ke oni murdas koreojn ĉe la bordo?

Matene ĉirkaŭ la 5a atm denove venis la kvar. Ni transiris la ponton por iri al la policejo Terasima. Ni vidis, ke oni perforte venigis tri homojn, kaj civiluloj batmortigis ilin. Ni transiris la ponton preter ili. Tiumomente iu pikis mian kruron per hokstango.

La ponto estis plena de kadavroj. Ankaŭ sur la bordoj tie kaj ĉi tie kuŝis kadavroj stakigitaj kvazaŭ ŝtiparo.

CHO In-syn[1]

Cho In-syn estis 22- aŭ 23-jara, kiu januare venis de Busano al Japanujo. Ankoraŭ ne pasis eĉ monato, de kiam li venis al Tokio tra Osako kaj aliaj urboj.

De post la vespero de la unua de septembro, laŭ la bordoj de la kanalo

Ĉapitro I Septembro 1923, Urbo de masakro

Arakawa multaj homoj sinsekve fuĝis el la urbocentro en fajrego. La nombro de la rifuĝintoj atingis "ĉirkaŭ 150 mil" laŭ la dokumento de la policejo Komatugawa. Tiam abundis homoj sur la bordoj. Ankaŭ Cho kaj liaj konatoj venis al la larĝa kanalo tenante bolpoton kaj rizon, pensante, ke en sendoma loko ne estas risko de fajro. Kvankam en la mallumo, teruraj ruĝaj flamoj lumigis la ĉielon super la urbocentro.

Ĉirkaŭ la 10a ptm, membroj de Civila Fajrobrigado, anoj de Junulara Asocio, kaj eĉ mezlernejanoj ĉirkaŭis ilin, kaj ekkontrolis ilian korpon minacante: "Se vi portas eĉ unu tranĉilon, ni mortigos vin." Troviĝis nenio. Ili ligis la koreojn per ŝnuroj, kaj matene alkondukis al la policejo Terasima.

Subrigardinte murditajn samnacianojn, Cho atingis la policejon. Ankaŭ tie li vidis atakon faritan de memdefendantoj kaj murdon faritan de policanoj kontraŭ koreoj, kaj li mem estis apenaŭ mortigita denove.

"Yotugi-basi" en tiu ĉi dokumento ne signifas la ponton, kiun oni hodiaŭ nomas Yotugi-basi, nek Sin-Yotugi-basi ("sin" = nova), sed Eksa Yotugi-basi, kiu ne plu ekzistas. Ĝi situis inter ferponto sur la linio Osiage de Elektra Fervojo Keisei kaj la ponto Kinegawa-basi. Ĝi estis 247,4 metrojn longa kaj 3 metrojn larĝa kun ligna korpo kaj feraj kolonoj. Tuj post la tertremego ĝi

1   *La vento portu kanton de balzaminoj,* red. Societo por funebri postelfosado de ostoj de Koreoj masakritaj post la Granda Tertremo en Kantô

---

*1 Arakawa estas larĝa rivero, kiu longas entute 173 kilometrojn kaj serpentumas de la monto Kobusigatake al la golfo de Tokio. Ĝi estas parte kanalo, kiu longas 22 kilometrojn, kaj fluas de la kluzo Iwabuti al la riverbuŝo de Nakagawa. La fosado de la kanalo Arakawa daŭris ekde 1913 ĝis 1930. En 1924 la kluzo Iwabuti estis elkonstruita kaj la kanalo ekfunkciis.

*2 La ponto Eksa Yotugi-basi tiam nomata simple Yotugi-basi estis finkonstruita super la kanalo Arakawa en la 30a de junio 1922, kaj malkonstruita en 1969. Poste oni konstruis la feran ponton Sin-Yotugi-basi en 1952, kiu estas hodiaŭ nomata simple Yotugi-basi. Ĝi distancas 500 metrojn for de la malnova, kaj en 1973 oni denove konstruis feran ponton Sin-Sin-Yotugi-basi hodiaŭ nomatan Sin-Yotugi-basi.

*3 loka volontula civila fajrobrigado.

La iama ponto Eksa Yotugi-basi

funkciis kiel ĉefa vojo inter damaĝita areo kaj la ceteraj.

La libro *La vento portu kanton de balzaminoj,* kiu enhavas tiun ĉi dokumenton de Cho, estas redaktita de "Societo por funebri post elfosado de ostoj de Koreoj masakritaj post la Granda Tertremo en Kantô" (mallongige: Societo por funebri). En la libro troviĝas multaj raportoj kaj rakontoj pri masakro kontraŭ koreoj precipe en la areoj nomataj Sita-mati, nome kvartaloj de neriĉaj popolanoj.[*4]

Unu el la raportoj faritaj de lokaj loĝantoj atestas, ke jam en la vespero de la unua de septembro multaj koreoj estis murditaj sur kaj ĉirkaŭ la ponto Eksa Yotugi-basi, kiu tiam estis plena de rifuĝintoj. Almenaŭ dudek aŭ tridek koreoj estis mortigitaj per pafiloj kaj glavoj. Post tiam, dum kelkaj tagoj, ĉirkaŭ la ponto multfoje okazis masakro kontraŭ koreoj.

[*4] Sita-mati estas ĝenerale malnova kvartalo en altitude malalta areo. Loĝas kaj laboras ĉefe komercistoj, metiistoj kaj fabriklaboristoj.

Dimanĉe, la 2a de septembro 1923, tagmeze
En Kagurazaka-Sita (Kvartalo Sinzyuku, Tokio)

Krimo sub taglumo en Kagurazaka

Antaŭ la policejo Kagurazaka amasiĝis terure multaj homoj. Ĉar la aŭto paneis, elirinte el ĝi, mi piedire proksimiĝis al la homamaso. Trans la ŝultroj de amaso da homoj mi rigardis, kaj trovis du homojn en la mezo. Ili estis kaptitaj je la brakoj kaj puŝe pelataj al la policejo. [...]

Subite iu viro levis sian hokstangon alte, kaj plenforte celis la kapon de unu el la kaptitoj. Tiu iris unu paŝon post la alia kaptito. Mia spiro haltis. Kun obtuza sono la batito ŝanceliĝis senforte. La viro batis la kapon de la kaptito ne per la dorso, sed per la pinto de la hoko. Ĝi ŝajnis profunde enpikinta. Apenaŭ mi aŭdis la sonon, kun krieto mi fermis la okulojn.

Estis strange, ke neniu intencis haltigi la diablan krimon. Ili subite ekrapidis portante la viktimon per siaj ŝultroj, kaj enŝovis lin tra la pordego de la policejo. La pli freneziĝinta homamaso pugnis kaj piedbatis la senfortan viron, kaj fine ĵetis lin malantaŭ la pordon de la policejo. [...]

Kiam homoj disiris de la policejo, mi trovis grandan afiŝon sur nigra, ligna muro apud la policejo. La afiŝo rigore avertis en la nomo de la policejo: "Estu singardaj, ĉar grupoj de 'ribelemaj koreoj' planas ribeli ĉie, utiligante la nunan kaosan staton en la urbo Tokio." Nur tiam mi eksciis, ke la viro, kiu estis mortigita aŭ grave vundita pro la hokstanga bato al la kapo, estis koreo.

Nakazima Kenzô[1]

---

1   Nakazima Kenzô: *La erao Syôwa*

Tio ĉi estas rememoro de la literatura kritikisto Nakazima Kenzô (1903–1979). Tiam li estis 20-jara studento de la altlernejo en Matumoto. Li aŭte veturis de sia hejmo en Komazawa al Koisikawa por konfirmi la staton de siaj parencoj, kaj survoje renkontis la aferon. La policejo Kagurazaka tiutempe situis en la loko, kie nun nomiĝas Kagurazaka-Sita, apud la ponto Usigome-basi.

Nakazima diras: "Mi preskaŭ vomis en la momento, kiam la hokstango trafis la kapon de la viro verŝajne korea." La abrupta ŝoka vidaĵo kaŭzis panikon ĉe Nakazima kaj lia kunveturanto. Urĝe reirinte en la aŭton, kiun la kunveturanto riparis, ili foriris kun grandega rapideco. Survoje li sola eliris el la aŭto, kaj vizitis la domon de sia bona amiko en Nisi-Ôkubo, kie la atmosfero ankoraŭ estis kvieta kaj paca. Li priparolis al la amikoj kaj iliaj fratinoj, kion li vidis en Kagurazaka, sed neniu kredis lin, nek aŭskultis lin serioze.

Tamen jam en la vespero "la tumulto de 'ribelemaj koreoj'" atingis lian loĝlokon, Komazawa. Oni batis alarmsonorilon kaj laŭte kriis: "Koreoj atakos nin per bomboj!" La vilaĝa asembleo decidis organizi Memdefendan Grupon. Kaj ankaŭ li, kun glaveto, estis mobilizita.

"Baldaŭ armea ŝarĝaŭto malrapide venis el la direkto de la kvartalo Setagaya. Jen intervenas la aŭtentika armeo. Soldatoj ĉekokse kun glavoj kuris per pezaj paŝoj gardante la ŝarĝaŭton. Ĉirkaŭ la ŝarĝaŭto impone kuras soldatoj armitaj per fusiloj kun bajoneto. Restas jam nenia dubo. Ŝajnis, ke iam ajn baldaŭ tondros pafoj kaj eksplodoj. Tiam la tuta Tokio estis en paniko."

La armeo eksendis soldatojn en la unua de septembro, laŭ la peto de la Policprefektejo k.a. En la 2a, vespere (je la 4a aŭ la 6a ptm) la armeo komencis grandskale sendi soldatojn diversloken, kiam oni proklamis la Sieĝostaton[*1], kiu validis en la urbo Tokio kaj kvin ĉefaj areoj de la gubernio Tokio. (La Sieĝostato validis ekde la 3a en la gubernio Kanagawa, kaj ekde la 4a ankaŭ en la gubernioj Saitama kaj Tiba.)

La disvastiĝon de la onidiro multe akcelis lokaj policoj, kiuj rigardis ĝin kiel fakton. Ofte videblis, eĉ ke policanoj avertis per megafono pri la "atako fare de koreoj". Krome la interveno de la armeo laŭ la Sieĝostato kredigis al homoj la efektivan ekziston de "ribelo de koreoj". Ekde la proklamo ĉie eksplode naskiĝis Memdefendaj Grupoj; pli ol 1000 grupoj nur en la gubernio Tokio. La membroj de Memdefendaj Grupoj surstrate pridemandis pasanton, kaj kiam ili suspektis ke tiu estas koreo, ili batis, mortigis, aŭ en plej bona okazo, perforte kondukis tiun al policejo.

---

*1 La proklamo disponigas al la armeo ĉiujn aŭ parte de la rajtoj pri justico kaj pri administracio.

Dimanĉe, la 2a de septembro 1923, posttagmeze
Ĉe la Policprefektejo[*1] (Kvartalo Tiyoda, Tokio)

Kiam polico kredas senbazan onidiron

Ankaŭ la Policprefektejo faris eraron pro la falsa informo pri la ribelo de koreoj. La katastrofo pro la Granda Tertremo kaŭzis grandan maltrankvilon kaj suspektemon al la popolanoj. En la vespero de la unua de septembro, oni sciiĝis policon pri la onidiro, ke koreoj planas fari ion atencan. La policejoj Yodo-basi, Nakano kaj Terazima raportis, ke ili arestis koreojn, kiuj planis bombi aŭ ĵeti venenon en putojn, sed kelkajn horojn poste la policejoj raportis, ke neniu pruvo troviĝas pri ĉiuj aferoj. Tamen en la 2a, je la 2a ptm, la policejo Tomisaka refoje raportis pri aresto de ribelemaj koreoj. Por certigi min mem pri la afero, mi rapide venis al la policejo por pridemandi la suspektaton. [...]

Tiam venis al mi urĝa ordono de la Policprefektejo, ke mi rapide revenu al la oficejo, ĉar ribelemaj koreoj grupe venos por ataki el la urbo Kawasaki en Kanagawa. Kiam mi urĝe revenis, multaj policanoj severe blokis la pordon de la Policprefektejo. Tial mi venis al la konkludo, ke la onidiro pri atencaj koreoj estas kredinda. [...]

Longe ni atendis la atakon al Tokio fare de koreoj, sed, strange, nenio okazis. Malfrue je la 10a horo nokte, montriĝis, ke la informo pri la atako estas falsa. Multaj homoj argumentis, kio kaŭzis tiun absurdaĵon. Koncize dirite, la grandega ŝoko konfuzis la popolanojn, kaj vekis iluzion ĉe ili. Kaj la manko de ekzaktaj informoj pro la detruiĝo de la telekomunika sistemo kondukis nin al la stato: "Unu bojo kontraŭ ombro vekas dek mil bojojn."[*2] Kiel aŭtoritatulo de la Policprefektejo, mi kore bedaŭras. [...]

SYÔRIKI Matutarô[1]

Syôriki Matutarô (1985–1969) estas hodiaŭ konata kiel restaŭrinto de Yomiuri. Li aĉetis la malgrandan ĵurnal-kompanion, kaj kreskigis ĝin kiel unu el la plej potencaj ĵurnaloj en Japanujo. Tamen, en la tempo de la Granda Tertremo, li ankoraŭ estis la direktoro de sekretariejo de la Policprefektejo, kiu estris la politikan policon *Tokkô*, nome la vicĉefulo sub la Policprefekto. Pro la posteno li disponis informojn ne nur pri socialaj movadoj, sed eĉ pri nigraj agadoj en politika mondo.

En la unua de septembro, tuj post la tertremego, la konstruaĵon de la Policprefektejo envolvis fajro. Syôriki surloke aranĝis aferojn kaj malfacile savis gravajn dokumentojn, kaj jam posttagmeze li sukcesis refunkciigi la Policprefektejon en provizora sidejo translokita al mezlernejo apud la parko Hibiya. Tamen la telekomunikia reto estis distranĉita, kaj la komunikado inter ĉiuj policejoj dependis de homa forto, ekzemple de kuriero utiliganta biciklon.

En tia cirkonstanco lokaj policejoj sinsekve raportis, ke koreoj "planas bombi" aŭ "ĵetis venenon en putojn". Dum la komunikiloj paraliziĝis kaj la rifuĝintoj amase migris kvazaŭ cunamo, la inundo de onidiroj englutis lokajn policanojn.

La pentristo Ban Tosiko (1907–1933) propraokule vidis en la vespero de la unua, ke iu policano anoncis surstrate: "Koreoj organizas ribelon kaj ĵetos venenon en putojn."

La sekvan tagon tiu ĉi tendenco akceliĝis. Policanoj diversloke laŭte avertis per megafono pri koreaj ribelantoj. En la policejoj restas nenia dokumento pri tiu ĉi afero, sed multe da atestoj kaj akuzoj fare de hazardaj

---

1   Syôriki Matutarô: "Memoro pri la Insurekcio pro Rizo kaj la Granda Tertremo", Yomiuri-sinbun-sya, februaro 1944. el *Barakto*.

---

*1   La eksa Policprefektejo ekzistis ekde 1874 ĝis 1947, kiel institucio sub la Ministerio pri Internaj Aferoj.

*2   Se iu diras malveron, multaj homoj komunikos ĝin kiel fakton. Aforismo el la ĉina klasika libro *Qian-fu-lun* de Wang Fu.

observintoj, ĵurnalistoj kaj intelektuloj pruvas, ke tia afero ĉie okazis. Eĉ estis fakto, ke policanoj pelis koreon kune kun memdefendantoj.

Syôriki kaj la estraro de la Policprefektejo komence dubis pri la raportoj de lokaj policejoj pri ribelo de koreoj, sed konfuzite de tro da raportoj, fine ili kredis la falsajn informojn.

Oni timis la direktoron Syôriki kiel "Komandanton de Tokkô". Lia agmaniero estas trovi kernan parton de "malamika grupo" per densa reto de spionoj, kaj unuspire frakasi la tutan grupon.

En la jaro 1918, okaze de la Insurekcio pro Rizo[*3], li sturmis la ĉefaktivulon, rapide apartigis tiun de la ribelanta grupo, kaj tiel subpremis la ribelon. Samjare, en la junio, li malkovris la kaŝe fonditan Komunistan Partion, kaj arestis ĝiajn ĉiujn estraranojn. Sed nun, pro detruiĝo de telekomunika sistemo, pro amaso da rifuĝintoj moviĝantaj tien kaj reen, kaj pro inundo da nekonfirmitaj informoj, li estis blindigita.

En la paniko li fine ekagis por subpremi la "ribelon de koreoj". Ĝis tiam li subpremadis manifestaciojn kaj politikajn kunvenojn, kaj kaŝobservadis la naciliberigan subteran movadon fare de koreaj studentoj. Tial al li ŝajnis, ke la ribelo de koreoj povas okazi en granda probableco. Li vizitis la komandejon de la Unua Divizio gardanta la ĉefurbon, kaj konstatis, ke ankaŭ la armeo kredas la informojn pri "ribelo de koreoj". Ekscitite, li kriis al militistoj: "Nun ni decidu fari!" kaj petis ĵurnalistojn, kiuj kolektiĝis al la Policprefektejo: "Diskonigu la onidiron, ke koreoj organizas ribelon."

En la 2a de septembro, je la 5a ptm, la Policprefektejo donis ordonon al ĉiuj policejoj:

"Ni ne povas esti certaj, ĉu ne aperos krimuloj, kiuj faros incendion aŭ kruelaĵon profitante la katastrofon. Efektive oni raportis arestojn en Yodobasi, Ôtuka k.a. Severe kontrolu kaj subpremu la suspektatojn, kaj evitu krimojn kaj ribelojn."

Tiel la onidiro fine estis agnoskita de la Policprefektejo.

Policanoj bicikle aŭ motorcikle patrolis, kaj anoncis: "Rifuĝu, virinoj kaj infanoj, por eviti danĝeron!" TAKANASI Terunori, kiu estis membro de loka Junulara Asocio, loĝanta en la urbo Sarue-ura-mati (nun Sarue, Kvartalo Kôtô), skribis en sia kajero, ke en la 3a de septembro policano petis lin: "Voku la membrojn de la Junulara Asocio, kaj aranĝu defendan grupon, ĉar venis al ni informo, ke hodiaŭ ribelantaj koreoj inunde venos el la direkto de Keihin." Kaj la policano rakontis al li, ke la informo devenas de altranguloj de la polico. La paniko de la estraro pli kaj pli cirkulis al lokaj policejoj.

Estis nature, ke policanoj estas la plej fidinda informfonto por ordinaraj homoj. Alia problemo estis, ke la polico havas sistemigitan reton por disvastigi informojn al ĉiuj policoficejoj. En la supra citaĵo Syôriki ekskuzis, kvazaŭ li estus ekster respondeco, sed evidente la polico ŝuldas grandan respondecon al la fakto, ke la falsa onidiro pri "ribelo de koreoj" estis tiel vaste disŝutita.

"Faris eraron" ne nur la Policprefektejo. Gotô Humio, la estro de la Polica Buroo de la Ministerio pri Internaj Aferoj[*4], nome, la administranto de la japana polico, sendis jenan anoncon en la 2a de septembro: "Severe observu kaj laŭnecese arestu, ĉar koreoj incendias diversloke." La anonco estis portita de kuriero al la mararmea radio-telegrafa stacio en Hunabasi, kaj en la 3a ĝi estis telegrafe dissendita al ĉiuj guberniaj estroj. Tiel la onidiro fariĝis "fakto" kaj disvastiĝis eĉ ekster la areo damaĝita pro la tertremo, pere de la telegrafa reto de la aŭtoritatularo.

La Sieĝostato estis proklamita en la vespero de la 2a, ĝuste en la tempo, kiam la aŭtoritatularo mem ne povis distingi fakton de la falsaj onidiroj. Trupoj de la armeo estis senditaj al diversaj lokoj laŭ la ordono subpremi la ribelon de koreoj, kaj la soldatoj murdis multajn koreojn. Sed la tuta figuro de la afero ankoraŭ restas malklara.

[*3] En 1918 la prezo de rizo tro altiĝis, duoble, trioble aŭ pli, kaj ĉie okazis tumultoj, kiuj postulis malaltigi la prezon. Tiam rizo jam fariĝis la ĉefmanĝaĵo por ordinaraj homoj. Atakante pograndajn komercejojn de rizo ktp., oni trudis malaltigi la prezon, aŭ detruis la konservejojn. La registaro reagis al la afero per multigo de policanoj anstataŭ per iu politiko por mildigi la problemon. Kaj la tumulto fariĝis pli intensa.

[*4] La Polica Buroo de la Ministerio pri Internaj Aferoj havis aŭtoritaton pri la japana polico. Ĝi ekzistis ĝis 1947. *Keiho-kyoku (japane)*

La Policprefektejo, kiu jam konfirmis la onidiron, tamen ekdubis pri la ekzisto de la ribelo de koreoj, en la vespero de la 2a, aŭ en la 3a de septembro. Estis nature, ĉar troviĝis neniu pruvo pri la onidiro, kiel ajn kaj kiom ajn ĝi esploris. La Policprefektejo do komencis ŝanĝi la taktikon. En la 3a ili disdonis flugfoliojn kun la jena teksto: "Ekde hieraŭ kelkaj kanajlaj koreoj okazigis ribelojn. Sed, dank' al la severa kontrolado de la polico, ne plu okazas tia afero. Plej multaj el la ceteraj koreoj estas honestaj kaj obeemaj. Ili ne faros krimon. Notu bone, ke oni ne rajtas persekuti nek perforti ilin, sen ekzakta pruvo." La folioj tamen ne sukcesis bremsi masakron, ĉar, kiel oni povas facile kompreni, la nebula enhavo de la teksto ne neis ekzakte la ekziston de la ribelo. Daŭris frenezaĵo fare de la armeo, polico kaj memdefendantoj.

Dimanĉe, la 2a de septembro 1923, je la 2a ptm
Ĉirkaŭ la stacidomo Kameido (Kvartalo Kôtô, Tokio)

URBO EN TUMULTO

Estis furioze, ke multaj soldatoj armitaj per kartoĉoj kaj bajoneto eniris en la urbon sub la devizo: "La malamiko troviĝas en la imperiestra ĉefurbo."[*1] La Rajdista Regimento en Narasino, al kiu mi apartenis, ekmovis sin kelkajn minutojn antaŭ la tagmezo de la 2a de septembro. Ĉio iris rapidege. [...]

Ni kunportis provianton kaj furaĝojn por du tagoj, rezervajn hufferojn, kaj po 60 kartoĉojn. La oficiroj komandis per klinga glavo sendita de sia hejmo, kvazaŭ ni estus sur militkampo! Kvankam ni tute ne komprenis la cirkonstancojn, ni forlasis la kazernon sage rapide, kaj kuregis rekte kaj daŭre sur la sableca vojo de Tiba-kaidô.

Ni alvenis al Kameido je la 2a ptm, kaj vidis inundon da rifuĝintoj. Nia regimento unue faris kontrolon de trajno. La oficiroj, kun nuda glavo, atente kontrolis la internon kaj eksteron de la vagonoj. Ĉiuj vagonoj estis homplenaj, eĉ sur karboj de la lokomotivo homoj svarmis kvazaŭ muŝoj. Kaj ĉiuj koreoj en la homa svarmo estis perforte elvagonigitaj, kaj sinsekve falis pro la batoj per glavo aŭ bajoneto. El la japanaj rifuĝintoj sonis ŝtormo de ĝojkrioj: "Perfiduloj! Ekstermu ĉiujn koreojn!"

Mia regimento unue buĉis la koreojn en la vagonaro, kaj ekde la

---

[*1] Modifaĵo el la anekdoto, ke survoje al batalejo la samurajo Aketi Mituhide deklaris antaŭ siaj soldatoj: "Malamiko troviĝas en la templo Hon'nô-zi," por perfidi kaj mortigi sian ĉefon, Oda Nobunaga.

vespero ĝis la nokto serioze ĝi ĉasadis koreojn.

Ettyûya Rîti[1]

Ettyûya Rîti (1901–1970) naskiĝis en la gubernio Akita, kaj aliĝis al la Rajdista Regimento en Narasino en 1921. Ĉar li montris malobeeman sintenon kontraŭ la oficiroj, kiam la regimento movis sin okaze de la Granda Tertremo, tuj poste li estis eksigita. Li poste fariĝis proleta verkisto. La verkon *"Memoro pri la Granda Tertremo en Kantô"*, el kiu mi supre citis parton, li verkis post la Dua Mondomilito.

Laŭ la dokumento de la armeo, sume 380 soldatoj el la 13a kaj 14a rajdistaj regimentoj en Narasino, vice ekmarŝis en la 2a de septembro, je la 9a atm, kaj alvenis al Kameido je la unua ptm. Tiutempe la armeo konsideris, ke la "riberoj de koreoj" efektive okazas, kaj sendis trupojn al diversaj lokoj por kapti la iluzion de la riberoj fare de koreoj. En la dokumento oni priskribis la agadojn de la armeo, ekzemple "akcepto de viktimoj de la tertremego" aŭ "instalado de telefonaj linioj", kaj inter ili ankaŭ troviĝas "ekstermado de ribelantoj", "subpremado kontraŭ koreoj", ktp.[2]

La fajrego, kiu forbruligis la areojn Honzyo kaj Hukagawa, estis haltigita ĉe la kanalo Yokozikkengawa, kiu fluas de nordo al sudo en la okcidenta parto de Kameido. Ĉirkaŭ la stacidomo Kameido, kiu povis eviti la fajron, estis plenplena de rifuĝintoj. En tia situacio cirkulis la onidiro, ke "ribelemaj koreoj" sturmos, kaj pro tio okazis tumultoj ĉie en la kvartaloj.

"Preskaŭ freneze ekscititaj loĝantoj ne nur perfortis koreojn sendistinge bonajn kaj malbonajn. Iu batadis alarmsonorilon, kaj alia faris pafon per fusilo."[3]

Ankaŭ en la stacidomo Kameido "estis tute senorde, kaj aŭdiĝis laŭtaj dolorkrioj kvazaŭ en buĉejo." La maŝinpafista trupo de la 13a rajdista regimento, alveninte al Kameido en la vespero de la 2a, kuris de loko al loko, de kie aŭdiĝis krioj. Ettyûya kaj siaj kolegoj ne povis havi dormon ĝis la mateno.

En la jam menciita libro *La vento portu kanton de balzaminoj*, Okamura Kinzaburô, kiu tiam estis 21-jara kaj laboris kiel estrarano por la

La nuna pejzaĝo de la stacidomo Kameido fotita antaŭ la norda enirejo.

Junulara Asocio en Kameido, atestis, ke en la 2a de septembro la armeo ordonis al li, ke ankaŭ civiluloj sin armu per glavo aŭ pafilo.

"Kaj tial ni ĉiuj armis nin per glavo aŭ ĉaspafilo, kiuj estis heredaĵoj de la prapatroj, kaj mortigis koreojn. Estis ja infero. La koreoj, kiuj saltis en la kanalon (yoko-)Zikkengawa, estis pafitaj per ĉaspafiloj. Estis terure en la vespero de la 2a aŭ 3a de septembro."

Kameido kaj ties ĉirkaŭaĵo estis unu el la plej teruraj lokoj, laŭ la esploro fare de speciala raportisto de la korea ĵurnalo Dongnip Shinmun (Sendependa Ĵurnalo). La ĵurnalo estis la organo de sendependiga movado de Koreujo, kaj

1 Ettyûya Rîti: "Memoro pri la Granda Tertremo en Kantô", el *La vero de historio – La Granda Tertremo en Kantô kaj la masakro kontraŭ koreoj*, red. Komitato pri funebra evento por koreaj viktimoj ĉe 50-jariĝo de la Granda Tertremo en Kantô.

2 "Agadoj de la Divizioj Gvardia kaj la Unua", el *Dokumentaro de la Moderna Histrio, volumo 6 – la Granda Tertremo en Kantô kaj Koreoj*.

3 "La 13-a rajdista regimento, maŝinpafista trupo, la terarmea kapitano IWATA Bunzô kaj 52 aliaj", el *Dokumentaro de la Moderna Histrio, volumo 6*

kies sidejo estis en Ŝanhajo. Tamen pri la buĉadoj, kiujn la armeo mem faris, restis nur du pruvoj: la unua oficiale registrita estas, ke la rajdista regimento pikmortigis unu koreon en la stacidomo Kameido; la alia estas atesto de hazarda rigardinto, ke en la sama stacidomo ĝendarmo pafmortigis unu koreon.

Malgraŭ tio la libro atentigas: "La armeo kaj la polico profunde kredis la onidiron pri la ribelo de koreoj tiutempe. Do, ni ne povas konkludi, ke murdis koreojn nur ordinaraj popolanoj en la 2a de septembro."

Dimanĉe, la 2a de septembro 1923, je la 8a ptm
En Titose-Karasuyama (Kvartalo Setagaya, Tokio)

POR KIUJ ONI PLANTIS LA KASTANOPSOJN?[*1]

El la ĵurnalo Tôkyô Niti-Niti Sinbun, la 21an de oktobro 1923.
"Kruelaĵo en Karasuyama"

En la 2a de septembro, je la 8a ptm, sur la ŝoseo Kôsyû-kaidô[*2] apud Karasuyama en la vilaĝo Titose, Kitatama-gun, oni trovis ŝarĝaŭton kurantan en la direkto al Sinzyuku. En la sama tempo oni informis la vilaĝon, ke ribeluloj proksimiĝas el la direkto de Setagaya, kaj tial la membroj de lokaj Junulara Asocio, Rezervsoldata Asocio[*3], kaj loĝantara fajrobrigado atente gardis la kernajn lokojn de la vilaĝo, kun bambua lanco, bastonego, hokstango aŭ glavo en la manoj.

Baldaŭ la vilaĝa volontula grupo kontrolis la ŝarĝaŭton, kaj trovis en ĝi pajlsakojn de rizo, ilaron por konstruado, kaj kaŝitajn 17 koreojn kun unu japana akompananto. La koreoj estis laboristoj, kiuj loĝis ĉe NIKAIDÔ Sazirô, mastro de laboristoj por konstruado en la urbo Simogawara, Hutyû-mati, Kitatama-gun. En tiu tago la fervoja kompanio Keiô-Denki petis Nikaidô sendi laboristojn. La koreoj estis sur la vojo al laborloko.

Apenaŭ ili trovis la koreojn, proksimume 20 membroj el la vilaĝa

---

[*1] Ĉiamverda arbo apartenanta al la familio de la fagacoj. *Castanopsis (latine), Sî (japane)*.
[*2] Malnova Kôsyû-kaidô estas vojo, kiu daŭras de Tokio al Nagano, pli ol 200 kilometrojn longa.
[*3] asocio, kies anoj provizore eksiĝis el la milita servo, sed devas re-aliĝi laŭ la ordono de la armeo.

grupo sieĝis la ŝarĝaŭton. Post kelkaj akraj demandoj kaj respondoj ili lavange ekatakis la koreojn per sia armilo. Ili vundis ĉiujn koreojn krom du forkurintoj, kaj ŝnuris la timantajn vunditojn je la manoj kaj kruroj, kaj senkompate lasis tiujn sur la vaka tereno apud la vojo.

Post iom da tempo la policano en la vilaĝa policejo[*4] eksciis la aferon, kaj sendis urĝan mesaĝon al la policejo en Hutyû. La policanoj, kiuj estis urĝe senditaj de la ĉefpolicejo, flegis la vunditojn kaj komencis pridemandi la perfortintojn. Tamen, unu el la vunditoj mortis en la mateno de la 3a de septembro. [...]

En la 4a de oktobro, la polico grandskale komencis enketon al la atencintojn, nome al la vilaĝa volontula grupo, kaj pridemandis kvindek-kelkajn vilaĝanojn ĝis la 18a, kaj ankoraŭ nun la policestro mem faras rigoran enketon.

La koreaj laboristoj estis sur la vojo al la fervoja garaĝo en Sasazuka de la kompanio Keiô-Dentetu por ĝin ripari. La mortinto estis Hong Gi-baeg, 35-jara. Krome tri koreojn oni portis al malsanulejo.

Post la Granda Tertremo, sur la vojo Malnova Kôsyû-kaidô senĉese daŭris longegaj vicoj de rifuĝintoj, kiuj eskapis el la urbocentro de Tokio kaj direktis sin okcidenten. Kelkaj rifuĝintoj falis sur la vojo pro laciĝo. En tia situacio vilaĝaj volontuloj trovis ŝarĝaŭton nokte kurantan al la urbocentro, male al la rifuĝintoj. Certe tio ŝajnis al ili tre suspektinda. La loko, kie okazis la afero, estis ŝtona ponto nomata Ôhasiba super la rivero Karasuyamagawa, kiu fluis kruce sub la vojo Kôsyû-kaidô. Hodiaŭ Karasuyamagawa estas subtera kanalo, kiu fluas maldekstre apud la bushaltejo Karasuyama-Simozyuku. Oblikve dekstre kontraŭ la haltejo staras monumento kun teksto: "La loko de iama Ôhasiba, vilaĝo Karasuyama, distrikto Busyŭ."

Tiam la ŝtona ponto estis parte difektita pro la Granda Tertremo. Ĝuste en la rompitan parton falis rado de la ŝarĝaŭto, en kiu estis la koreaj laboristoj. La memdefendantoj sieĝis la senmovan ŝarĝaŭton. En oktobro diversloke oni akuzis membrojn de Memdefendaj Grupoj pri la krimoj kontraŭ koreoj.

Ankaŭ al la vilaĝo Karasuyama venis prokuroro, kaj enketis al pli ol 50 homoj. Oni akuzis 12 vilaĝanojn (aŭ 13, laŭ alia dokumento) pri la murdo. Inter ili troviĝis eĉ profesoro, kiu instruis la anglan lingvon en universitato.

Fakte, kiam mi verkis la blogon, sur kiu baziĝas tiu ĉi libro, estis problemo, ke mankas al la dokumentoj pri la afero fidindaj informoj pri la preciza nombro de la murditoj. La tuta originala teksto de la supre citita artikolo de la ĵurnalo Tôkyô Niti-Niti Sinbun troviĝas en la 6a volumo de *la Dokumentaro de la Moderna Historio,* kiu estas la baza dokumentaro por studi la masakron kontraŭ koreoj. Sed en la artikolo la nombro de la murditoj estas indikita per la vortoj "unu sama el la viktimoj". Tio estas stranga kaj nekomprenebla esprimo en la japana lingvo. Ĉu la vorto "sama" estis erare presita, kaj la vera senco estas "unu el la viktimoj"? Kvankam mi kontrolis kelkajn dokumentojn, mi ne sukcesis trovi respondon.

Tiutempe en biblioteko mi hazarde legis la libron *Setagaya, tyôson no oitati (Setagaya, Historio de la urboj kaj la vilaĝoj)* eldonitan en 1982 fare de la kvartaldomo de Setagaya, kaj trovis en ĝi priskribon, kiu rilatas al la afero. La dokumento prezentas, ke la novelisto TOKUTOMI Roka (1868–1927), kiu loĝis proksime de la vilaĝo (en Kasuya), menciis la aferon en sia esearo *Mimizu no tawagoto (Babilaĵo de tervermo)* [*5], kaj finis la priskribon per jenaj vortoj: "Ankoraŭ nun en la ŝintoisma sanktejo Karasuyama-zinzya majeste staras 13 kastanopsoj, kiujn vilaĝanoj plantis por funebri pri la 13 murditaj koreoj."

La sanktejo Karasuyama-zinzya situas en la suda loko de la vojo, apud kiu troviĝas la monumento de "la loko de iama Ôhasiba". Ĝi estis protekta sanktejo por la vilaĝo, kiam okazis la murdoj.

La priskribo konvinkis min pri la nombro de murditoj, kaj mi skribis en la blogo, ke 13 homoj estis murditaj. Krome, forte impresis min la epizodo, ke la vilaĝanoj plantis la arbojn por funebri pri la koreaj viktimoj. Verdire, tio iomete konsolis min. Kaj mi titolis la artikolon en la blogo: "Dek tri

[*4] Policejo, en kiu deĵoras kaj loĝas policano, ofte kun siaj familianoj.
[*5] Tokutomi Roka, 1938.

kastanopsoj".

Post tiam unu ano de "Societo por funebri"*6, kiu ĉiujare faras funebran ceremonion en la bordo de la kanalo Arakawa, donacis al mi dokumentaron kompilitan de la societo. Ĝi enhavas artikolon de la Tokia eldono de Tôkyô Niti-Niti Sinbun pri la afero Karasuyama. Kaj la artikolo detale menciis la nomojn de ĉiuj viktimoj. Laŭ ĝi, Hong Gi-baeg estas unu sola murdito.

Poste "Societo por funebri" respondis al mia demando: verŝajne mortigito estas "unu", kvankam troviĝas diferenco inter ĵurnaloj. (Iu ĵurnalo raportas, ke la mortigitoj estas tri. Estas ebleco, ke mortis du el la tri enhospitaligitaj viktimoj.)

Se la informo estas fakta, ni trovas novan demandon. Por kio oni plantis la arbojn en Karasuyama-zinzya?

Kiel repsondon al mia rekta demando, la ano de "Societo por funebri" donacis al mi la broŝureton *La loko de iama Ôhasiba – broŝureto ĉe la konstruado de monumento* eldonitan en 1987, kun lia mesaĝo: "La redaktoro de la broŝureto iam laboris kiel komisionano kaj esploranto de la kvartalo Setagaya

Karasuyama-zinzya. Malantaŭ la simbola pordego Torii, ankoraŭ staras kvar kastanopsoj ambaŭflanke sur la konduk-vojo al la domo.

pri protektado de kultura heredaĵo. Li estas loĝanto de la vilaĝo, kie okazis la afero. Laŭ mia scio almenaŭ ĝisnuna, la dokumento havas la plej fidindan respondon al via demando: por kiuj oni plantis la arbojn."

La dokumento detale rakontas pri tio, kio okazis en Ôhasiba, surbaze de intervjuoj kun plejaĝaj maljunuloj. Pri la arboj en Karasuyama-zinzya ĝi klarigas jene:

"Tiam (kiam oni akuzis la 12 vilaĝanojn) la asembleo de la vilaĝa kolektivo Titose juĝis, ke tiu ĉi afero estas malfeliĉo ne nur por la vilaĝo Karasuyama sola, sed ankaŭ por ĉiuj vilaĝoj en Titose. Kaj la kolektivo etendis siajn varmajn manojn por helpi al la 12 vilaĝanoj. La regionoj de la vilaĝoj en Titose estas la kolektiva hejmloko de la amplenaj, belaj, kaj bonkoraj homoj. Mi ne povas ne senti la plej grandan ĝojon. Finfine la 12 vilaĝanoj revenis al la hejmloko, kaj la koncernatoj de la afero plantis 12 kastanopsojn en la tereno de la sanktejo Karasuyama-zinzya por la memoro. Kelkaj el la arboj eĉ nun vivas kaj baldaŭ fariĝos 70-jaraj." "Neniam demandu pri glavoj, bambuaj lancoj, nek pri tio, kiu, kie, kion faris. Estas ne kontesteblaj faktoj, ke ĉio plejparte rezultis el tia Granda Tertremo, kian ni neniam spertis, el la mallerta manovro de la aŭtoritatularo, kaj el la eraraj informoj."

Per tiu ĉi teksto ni povas scii, ke en granda probableco, la arboj estis plantitaj ne por funebri pri la viktimigitaj koreoj, sed por esprimi dankemon por la peno de la akuzitoj. La fakto estis nesupozeble amara.

La teksto entenas ankaŭ kompatajn vortojn al la murdita koreo, tamen pli akcentita estas la simpatio al "malfeliĉo" de la akuzitoj pro la murdo. Mi sentis reale la atmosferon de septembro 1923, kvazaŭ ĝi estus sigelita kaj restus en la teksto.

En Karasuyama-zinzya ankoraŭ alte staras kvar el la tiutempe plantitaj arboj, ambaŭflanke sur la konduk-vojo al la ŝintoisma sankta domo[*7]. Antaŭ

[*6] "Societo por funebri post elfosado de ostoj de Koreoj masakritaj post la Granda Tertremo en Kantô"

[*7] Religia domo, kiu sidas en ŝintoisma sanktejo plej malantaŭe. Sanktejo ĉi tie signifas ne nur la konstruaĵon sed ankaŭ la terenon.

90 jaroj en tiu ĉi strato okazis kruelaĵo. Fakte ekzistis tie diversaj sentoj, kiuj estis enfermitaj en silenton.

Septembro 1923
Ĉirkaŭ la ponto Eksa Yotugi-basi (Kvartaloj Katusika kaj Sumida, Tokio)

Li ploregis: "Nenion mi faris!"

En la 2a de septembro 1923, je la 5a atm, Cho In-syn vidis kadavrojn stakigitajn kvazaŭ ŝtiparon, ĉirkaŭ la ponto Eksa Yotugi-basi. Depost tiam en la sama areo ripetiĝis masakro kontraŭ koreoj dum kelkaj tagoj. En la libro *La vento portu kanton de balzaminoj* oni prezentas multajn rakontojn kolektitajn per intervjuoj faritaj en la 80-aj jaroj al lokaj maljunuloj ĉirkaŭ la areo. La libro fruktis el la laboro de la membroj de "Societo por funebri". Ĉiudimanĉe ili alterne vizitis, kaj intervjuis pli ol 100 maljunulojn. Ĉar jam pasis 60 jaroj post la Granda Tertremo, kiam la membroj de la Societo komencis la esploradon, ili povis kapti la lastan ŝancon por tiu ĉi valora verko.

Tamen, ĉar pasis jam 60 jaroj, la dato kaj horo ne estas klaraj en multaj rakontoj. Tiuj, kiuj hezitis rakonti en sia vera nomo, uzis pseŭdonimon. Ĉi-sube mi prezentu el la libro kelkajn gravajn rakontojn, kiuj bildigas la kruelan situacion ĉirkaŭ la ponto, dum kelkaj tagoj ekde la unua de septembro.

"Ili venis de trans la ponto Yotugi-basi (de la flanko de Katusika) trenante ŝnuritan homon, kiu sangis el siaj vundoj. Ili hakis lin de la flanko, kaj faligis malsupren. Ili ĵetis lin en foson faritan de ili apud la ponto. [...] Pluvis. Loĝantoj en Yotugi venis por iun forĵeti. Hakinte la kaptiton, ili faligis lin per piedbato en mallarĝan kaj longan foson apud la bordo, kaj metis teron sur lin." (Nagai Zinzaburô)

"En la sudo de la stacidomo Keisei-Arakawa (nuna stacidomo Yahiro) estis granda lageto nomata Onsen-ike. Oni povis naĝi en ĝi. Forpelitaj sep aŭ ok koreoj fuĝis en la lageton. Iuj el la Memdefenda Grupo pafis ilin per ĉasfusilo, jen de tiu ĉi bordo, jen de la kontraŭa bordo, kaj finfine ili pafmortigis ĉiujn." (pseŭdonimo Ii)

"Laŭ mia memoro, tio okazis ĉirkaŭ la tagmezo de la 3a. Membroj de la Memdefenda Grupo trenis multajn ŝnuritajn koreojn sub la ponto Yotugi-basi apud la rivero Arakawa, kaj murdis ilin per netolereble kruelaj manieroj: haki per japana glavo, piki per bambua lanco, aŭ trapiki per fera stango. Eĉ gravedan virinon el la koreoj ili pikmortigis. Laŭ mia vido, ili murdis ĉirkaŭ 30." (pseŭdonimo Aoki)

"(La nombro de murditaj koreoj estas) du aŭ tri, sub la ponto Kamihirai-basi, kaj ankaŭ ĉirkaŭ 10, en la loko ĉirkaŭ la nuna ponto Kinekawa-basi. Oni ekmurdis koreojn ekde ĉirkaŭ la 2a de septembro. Tiutempe cirkulis onidiroj: 'Koreoj ĵetis venenon en putojn,' 'Koreoj perfortas virinojn.' La onidiroj povus esti false kneditaj, ĉar tiam la publiko malkviete ŝanceliĝis en la kaoso — sed ni ne povis juĝi. Estis bedaŭrinda afero, ke oni mortigis iun honestan koreon, kiu petis pri sia

Apud la ponto Eksa Yotugi-basi en 2013. La bordoj nun estas ripozejoj por la urbanoj.

vivo plorvoĉe: 'Nenion mi faris!'" (pseŭdonimo Ikeda)

En unu el la rakontoj troviĝis atesto, ke iu policano avertis, ke oni ne trinku akvon el putoj, ĉar ili estas venenitaj.

La kanalo Arakawa, kiu ekfluas suden ekde la kluzo Iwabuti en la kvartalo Kita, estis ekkonstruita en la jaro 1911 kaj elfarita en 1930. Ĝi estas artefarita rivero por ordigi akvofluon. En 1923, kiam okazis la tertremego, la kanalo mem estis finkonstruita kaj iris akvo en ĝi. Sed la konstruado de ĉirkaŭaĵoj ankoraŭ daŭris, kaj laŭ la kanalo kuris vagonetoj por porti teron. Pri la konstruado okupiĝis multaj koreaj laboristoj, kies laborpago estis duono aŭ du trionoj de tiu por japanoj, kaj ĝuste en la loko, kie ili laboris, ili estis masakritaj.

Ekde kiam la armeaj trupoj alvenis, en la 2a aŭ la 3a de septembro, komenciĝis masakro fare de la armeo per maŝinpafiloj. Pri tio ni vidos poste.

Lunde, la 3a de septembro 1923, antaŭtagmeze
Ĉe la parko Ueno-Kôen (Kvartalo Taitô, Tokio)

Facile instigebla homo

Ĝuste kiam mi eliris el la parko, en la placo antaŭ la elirejo, amaso da homoj alte levis bastonon kvazaŭ en batalo. Tiuj, kiuj ne havis armilon, levis bastoneton prenitan ie sur la vojo, kaj svingis. Mi aliris pli proksimen, kaj vidis, ke multaj homoj krias: "Mortigu!", kaj batadas dikan viron vestitan per *yukata*[*1].

"Koreo," aŭdiĝis voĉo el ili. "Batmortigu lin anstataŭ liveri al la polico," aŭdiĝis alia kolera voĉo. La dikulo plorvoĉe diris ion. Iliaj bastonoj multfoje falis al li, jen sur la kapon, jen sur la vizaĝon.

Pro mia penso, ke la viro ĵetos bombon aŭ venenos puton, neatendite ankaŭ el mi fontis indigno: kvankam ni ĉiam akceptas koreojn kun kompato, tiu viro planas ribelon profitante la katastrofon; li deviis de la tiel nomata humana vojo. Tia ulo meritas esti buĉita. Tiam komforte sonis al mi la voĉo, ke ni batmortigu lin anstataŭ liveri al la polico. Mi alkuris al ili por bati lin per mia bastono kun dika tenilo.

Somekawa Ransen[1]

La rakontanto, nome Somekawa, tamen tuj haltis konsiderante la riskon: se li proksimiĝos al la homamaso, la ekscititaj homoj povos miskompreni, ke ankaŭ li estas koreo. Kiam li cerbumis tiel, soldatoj venis kaj trenis la viron en *yukata*.

"Ĉar mia koro estis terure sovaĝa, mi bedaŭris pro tio, ke la viro ne estis batmortigita."

Somekawa Ransen tiam laboris kiel la sekciestro de la ĝenerala fako de la centra oficejo de la banko Zyûgo. La 43-jara viro estis tipa elita salajrulo. Ransen estas lia hajkista plumnomo. Lia persona nomo estis Haruhiko. La tertremego ne damaĝis lian domon nek familion en Nippori. Li diligente laboris por la refunkciigo de la banko dum la tuta septembro, sen ferioj.

Ĉe la komenco Somekawa ne kredis la onidirojn "Koreoj ĵetas bombon" ktp. Ĝis la tagmezo de la 2a, li eĉ malestimis la "stultajn homojn", kiuj senkritike kredis la onidirojn.

"Kiel koreoj povus antaŭscii la abruptan katastrofon?" "Mi efektive aŭdis eksplodon tie, kie fajrego brulis, kaj konvinkiĝis, ke la sono venas de eksplodoj de pakitaj bareloj kaj ladskatoloj." "Estas granda embaraso por senkulpaj koreoj."

Tamen en tiu nokto, ĉe reloj de fervojo apud lia rifuĝejo li aŭdis en mallumo laŭtan voĉon de iu membro de la Junulara Asocio: "Atentu, ĉar oni diras, ke forta veneno estas ĵetita en putojn!" Lia timo grandiĝis pli kaj pli.

"La voĉo subite vekis min el la dormo. Tio ĉi ne estas simpla onidiro de nefidindaj malkleruloj."

"Devas esti, ke la informo baziĝas sur iu certa pruvo, ĉar diskonigas ĝin la Junulara Asocio."

"Do, ankaŭ la puto ĉe mia hejmo devas esti danĝera."

Tial en la sekva mateno, kiam li renkontis perfortatan viron ŝajne korean, el lia koro superfluis kolero al koreoj, kiuj "ĵetas venenon en putojn".

Tiutempe la parko Ueno-Kôen estis en ekstrema kaoso pro amaso da rifuĝintoj.

La verkisto SATÔ Haruo (1892-1964), kiu tiam estis mobilizita de sia loka komunumo kiel membro de la Memdefenda Grupo, priskribis sian sperton, ke en noktomezo li vagis en Ueno-Kôen timante malamikojn, kiuj efektive ne

---

1   Somekawa Ransen: *Sinsai Nissi* (Taglibro post la Tertremego), Nihon-Hyô-ron-sya.

*1   Unu speco de japana tradicia vesto, kimono, kiun oni portas en varmaj tagoj en somero, ĉar ĝi estis malpeza kaj neformala.

troviĝis.

Kelkajn tagojn post la afero okazinta en Ueno-Kôen, Somekawa retrankviliĝis kaj refoje neis la ekziston de la "ribelo de koreoj".

"La onidiro estas tro fantazia. [...] Ni estis en tre konfuza situacio. Tamen la animo de japanoj estas tre malgranda, ĉar ni sendemande batmortigis koreojn, kiujn ni devas kompati kaj gvidi. Mi sentis, ke ni devas trankviliĝi

La placo Hakamakosi-hiroba en la parko Ueno-Kôen, kaj la stacidomo Ueno.

kaj repripensi."

Li skribis en sia taglibro *Sinsai Nissi* ankaŭ jene:

"Antaŭ la oficejo de la filio en Hukagawa (de la banko Zyûgo) troviĝis tri murditaj koreoj, kiuj estis hak-mortigitaj per japana glavo kaj ŝnuritaj al elektrofosto. Rakontis tion s-ro Yamasita, la estro de la oficejo, kiu efektive vidis la murditojn per siaj propraj okuloj."

En la raporto *Masakro,* eldonita en la jaro 1924, fare de movada organizo por liberigi Koreujon, registritaj estis "grave vunditaj tri", kiuj estis la viktimoj ĉirkaŭ la parko Ueno-Kôen.

La nomoj estas: Kim Byeongkwon el Jeollanam-do Gwangju-gun[*2] Seochang-myeon Seo Yongdu-ri, Yi Naesun el Jeollanam-do Jangheung-gun, kaj Yi ... (persona nomo nekonata) el Jeollanam-do Gwangju-gun. Ĉu unu el ili estis la viro en *yukata* ?

[*2] Jeollanam-do estis distrikto de Koreujo okupita de Japanujo: la sudo de la regiono Jeolla-do kun la insulo Jeju-do. Nuntempe la distrikto Jeollanam-do ne inkluzivas la metropolan urbon Gwangju nek la insulon Jeju-do. Jeolla-do situas en la sud-okcidento de Koreujo, kie estis la lando Baekje en antikva epoko.

Lunde, la 3a de septembro 1923, je la 3a ptm
En la urbo Higasi-Ôzima (Kvartaloj Kôtô kaj Edogawa, Tokio)

Kial oni murdis ĉinojn?

Dato: Lunde, la 3a de septembro 1923, proksimume je la 3a ptm
Loko: Ôzima-mati 8
Armeaj koncernatoj: Subleŭtenanto Iwanami Kiyosada kaj 69 soldatoj el la 2a baterio de la unua artileria regimento. Subleŭtenanto Miura Kôzô kaj 11 soldatoj el la 14a rajdista regimento.
Uzintoj de armiloj: Tri soldatoj de la 14a rajdista regimento
Priuzitoj de armiloj: Ĉirkaŭ 200 koreoj
Ago: Batado
Trajto de la afero: Kiam la loĝantoj ĉirkaŭ la urbo Ôzima-mati estis atencotaj de koreoj, alvenis por protekti la loĝantojn la subleŭtenanto Iwanami el la 2a baterio de la unua artileria regimento. Li hazarde kuniĝis kun la subleŭtenanto Miura el la 14a rajdista regimento, kaj kun la soldatoj planis sieĝi la koreojn. Popolamaso, konsistata el ĉirkaŭ 40 aŭ 50 loĝantoj kaj policanoj, kondukis amason el ĉirkaŭ 200 koreoj, kaj konsiliĝis kiel trakti tiujn. Tiam tri soldatoj el la regimento bategis per la tenilo de pafilo tri ĉefojn de la koreoj. Pro tio la koreoj ekbatalis kontraŭ la homamaso kaj la policanoj. Malgraŭ ke la armeo penis haltigi la aferon, ĉiuj koreoj estis murditaj.
Rimarkoj: a) La subleŭtenanto kaj la 69 soldatoj el la 2a baterio de la unua artileria regimento ne kunportis armilojn. b) Oni diris, ke la ĉ. 200 koreoj estas krimuloj, kiuj perfortis, seksatencis, aŭ rabis. Ili kunportis armilon, ekzemple bastonegon aŭ hakilon. c) Iu opinias, ke ĉi tiuj koreoj estas ĉinaj laboristoj, sed la armeo kredis, ke ili estas koreoj.

—"Raportoj de la aferoj, en kiuj armiloj estis uzataj por la gardado post la Granda Tertremo" prenita el *Detala Raportaro de la Sieĝostata Komandejo en Kantô* [1]

La nombro de ĉinoj loĝantaj en la regiono Tokio estis ĉirkaŭ 4500. El ili 2000 estis laboristoj. La 3an de septembro, en Ôzima-mati 7, oni paf- aŭ bat-mortigis sume 300 aŭ 400 ĉinojn kaj koreojn, en tri fojoj, sub la suspekto, ke koreoj faris incendion. Unue, matene la armeo murdis per fusilo du ĉinojn liveritajn de la Junulara Asocio. Due, je la unua ptm, la armeo kaj la Memdefenda Grupo (organizita de la Junulara Asocio kaj Rezervsoldata Societo k.a.) paf- aŭ bat-mortigis ĉ. 200 homojn. Kaj trie, je la 4a ptm, sammaniere ĉ. 100.

La kadavroj de ĉinoj kaj koreoj estis tute lasitaj ĝis la sekva tago. La Policprefektejo petis de la generalmajoro KANEKO Naosi, la estro de la 3a brigado de artilerio, kaj de la stabestro de la Sieĝostata Komandejo, ke ili aranĝu la kadavrojn, kaj ke ili protektu la restantajn 200 aŭ 300 ĉinojn. Oni decidis provizore akcepti la ĉinojn en la kazernojn en Kônodai.

La kaŭzo kaj motivo de la afero ankoraŭ ne malkovriĝis. Ne troviĝas klara pruvo, ke ĉinoj kaj koreoj incendiis, sed se temas pri koreoj, iu efektive portis bombon k.a.

—Parolado de HIROSE Hisatada, la estro de la Sekcio pri Eksterlanda Afero, de la Policprefektejo (la 6a de septembro 1923) [2]

Detala Raportaro de la Sieĝostata Komandejo en Kantô estas dokumentaro

1   *Dokumentaro de japanaj armeoj kaj registaro post Granda Tertremo en Kantô, volumo 2 – Terarmeo*. La nomoj de Iwanami kaj Miura estas citataj de *La Granda Tertremo en Kantô kaj la Afero de Wan Xitian* verkita de Tahara Yô.
2   Eblas foliumi la dokumenton en retpaĝaro de Japana Centro por Azia Historia Registrajo, Nacia arkivo de Japanujo. Referenc-kodo: B041013322800

kompilita de Japana Terarmeo pri la operacoj post la Granda Tertremo en Kantô. TAHARA Yô, ĵurnalisto esploranta la masakron kontraŭ ĉinoj, trovis ĝin en la Ĉefurba Arkivejo de Tokio[*1]. La dua citaĵo, nome "Parolado de Hirose" estas prenita el la protokolo de neoficiala kunsido okazigita de la "Garda Sekcio de la Provizora Buroo por Savi kaj Flegi la Damaĝitoj pro la Granda Tertremo". Same kiel la *Detala Raportaro*, tiu ĉi protokolo estis eltrovita post la Dua Mondomilito, el la dokumentoj faritaj de la japana Ministerio pri Eksterlandaj Aferoj kaj forportitaj al Usono.

Ŝajnas, ke la du citaĵoj traktas la saman aferon. Kio okazis efektive? Ĉu la murditoj estis koreoj, aŭ ĉinoj?

Tuj post kiam la afero okazis, komenciĝis la esplorado fare de japanoj kaj ankaŭ de ĉinoj. Krome, post la Dua Mondomilito progresis la esplorado, kaj aperis atestoj de la loĝantoj, kiuj propraokule vidis la aferon. Aperis ankaŭ intervjuoj de la koncernaj soldatoj ktp. Jam bone konata estas: "kio okazis".

La loko, kie okazis la afero, Ôzima-mati en Minami-Katusika-gun (la nuna kvartalo Kôtô), situis apud la urbo Tokio. Tie mil kelkcent ĉinaj laboristoj de fabrikoj k.a. loĝis amase en sesdek kelkaj loĝejoj. Matene de la 3a de septembro, la japanaj loĝantoj en Ôzima-mati 8, estis ordonitaj, ke ili ne iru eksteren de la domo. Transdonis tiun ĉi ordonon verŝajne membroj de la Rezervsoldata Asocio aŭ Civila Fajrobrigado. En la mateno du soldatoj armitaj per fusilo kun bajoneto forkondukis ĉinajn laboristojn el ilia loĝejo en Ôzima-mati 6. Proksimume tiam, du laboristoj estis murditaj per fusilo en la placo de Ôzima-mati 8.

Ĉirkaŭ tagmeze, al la loĝejoj de ĉinoj en Ôzima-mati 8, venis anoj de la armeo, polico kaj la Junulara Asocio. Ili diris: "Venu kun ni. Ni sendos al la hejmlando tiujn, kiuj havas monon," kaj forkondukis 174 ĉinojn. Sed survoje apud proksima placo iu subite kriis: "Tertremo! Kuŝiĝu surteren!" Apenaŭ la ĉinoj kuŝigis sin surteren, amaso da homoj subite atakis ilin.

"Kvin aŭ ses soldatoj, kelkaj policanoj kaj granda homamaso sieĝis 200 ĉinojn, kaj la amaso da homoj buĉis ĉiujn ĉinojn unu post la alia, per hakilo, hokstango, bambua lanco, aŭ per japana glavo. Eĉ la policanoj el la marpolicejo en Nakagawa freneze partoprenis en la masakro kune kun la homamaso."

Kɪᴅᴏ Sirô, kiu loĝis ĉirkaŭ la kvartalo, rakontis tiun ĉi scenon en la 18a de novembro, du monatojn post la afero, al Mᴀʀᴜʏᴀᴍᴀ Dentarô, pastro kiu venis por espori la aferon.

Kaj je la 3a ptm, kiel en la supra citaĵo, la subleŭtenantoj Iwanami kun 69 soldatoj kaj Miura kun 11 soldatoj venis tien, kie oni "kondukis amason el ĉirkaŭ 200 koreoj, kaj konsiliĝis kiel trakti tiujn", kaj murdis ĉiujn. Kompreneble, tiu ĉi amaso estis konsistata ne el koreoj, sed el ĉinoj.

En la tago ĉie en la urbo Ôzima okazis masakroj, el kiuj la plej granda okazis en Ôzima-mati 8. Oni taksas la nombron de murditaj ĉinoj je pli ol 300.

Hᴜᴀɴɢ Zi Lian, unu sola postvivanto de la masakro en Ôzima-mati 8, revenis al Ĉinujo en la oktobro kaj rakontis la faktojn al ĉinaj amaskomunikiloj. Kaj tio draste ŝanĝis la sintenon de la ĉina popolo, kiu ĝis tiam kompatis kaj volis savi Japanujon. Bolis protestaj voĉoj kontraŭ Japanujo. Post la reveno al sia hejmloko, Huang suferis pro puso de la vundoj en la masakro, kaj ofte vomis sangon. Lia sanstato malboniĝis pli kaj pli, kaj li mortis du aŭ tri jarojn poste.

Kial okazis la amasa murdo? Kiam okazis la katastrofo, la onidiroj akuzis koreojn, ke ili faris incendion aŭ portas bombojn. Sed fakte troviĝis neniom da onidiroj, kiuj akuzis ĉinojn. La masakro en Ôzima-mati ne estis tia, kian ni vidas en la impulsaj masakroj kontraŭ koreoj en konfuza situacio. Male, ni povas klare vidi intencon.

Nɪᴋɪ Humiko, kiu esploradis la masakron kontraŭ ĉinoj post la Granda Tertremo, konjektas, ke en la fono de la afero troviĝis la intenco de makleristoj de laborforto. La ekonomia prospero kaŭzita de la Unua Mondomilito jam finiĝis; kaj komenciĝis la malprospero antaŭ kelkaj jaroj. La ĉinaj laboristoj, kies laborpago estis 20 procentoj pli malgranda ol tiu por japanoj, estis

---

*1 arkivejo por registaraj dokumentoj en Tokio.

La kultura centro de Higasi-Ôzima. La areo de ĉirkaŭ ĝi ĝis la norda flanko de tie, kie la metroo Toei-Sinzyuku kuras surtere, estis vaka loko, kiam la masakro okazis, kaj fariĝis la plej granda scenejo de la masakro kontraŭ ĉinoj.

ĝenaj kaj por japanaj laboristoj, kaj por la makleristoj, kiuj peras laboristojn kaj prenas grandan procentaĵon el ilia laborpago. Do, ekestis movo por ekskludi ĉinojn. Kaj ankaŭ por japanaj makleristoj, kiuj dungis ĉinojn malmultekoste, ĉinoj jam estis ŝarĝoj, kiuj ekpostulis al ili akurate pagi la salajron, sub la gvido de la Mutuala Asocio por Ĉinoj en Japanujo, pri kiu vi poste legos.

Ankaŭ la polico suspekte rigardis la ĉinajn laboristojn. La polico en Kameido tiam ĉefe laboris por publika ordo, ĉar en la teritorio, Ôzima-mati, troviĝis multe da fabrikoj, kies laboristoj ofte okazigis konfliktojn kontraŭ la dungintoj. La polico ne povis toleri pliajn konfliktojn okazigotajn de la ĉinoj. La japana aŭtoritataro komencis limigi la enmigradon de ĉinaj laboristoj kaj forpeli ilin el Japanujo, sub la preteksto, ke oni devas protekti japanajn laboristojn.

Niki konkludis: profitante la kaosan situacion pro la masakro kontraŭ koreoj, la makleristoj kaj la polico instigis japanajn laboristojn al la persekutado kontraŭ la ĉinoj. Plie ili implikis en la aferon ankaŭ la armeajn trupojn, kiuj volis rapide "subpremi ribelon fare de koreoj". Kaj tiel ili plenumis sian longe kovatan revon: forpeli la ĉinojn. Se Niki pravas, tiu ĉi afero estas unika kaj ĝia aspekto estas malsama ol la aliaj aferoj, en kiuj oni masakris koreojn.

Niki tamen atentigas, ke iuj ordinaraj popolanoj aplaŭdis tiun ĉi masakron:

"Amaso da homoj obeemaj al aŭtoritato aplaŭdis, kaj mem metis la manojn al la masakro kontraŭ la senhelpaj homoj. Kio igis la popolanojn krii: "Tiu ĉi estas koreo! Mortigu!", kvankam tiu estis ĉino en ĉina vesto? La flata sento, kiu permesas al potenculoj barbare agi, kaj la tipe diskriminacia sento kontraŭ fremdlanduloj. Tiu ĉi sentoj estis komunaj al popolanoj kaj al soldatoj. [...] La sentoj estas akompanataj de la malrespekto al la vivo, kaj de la manko de la sento por homaj rajtoj."

Ĉirkaŭ la Kulturcentro de Higasi-Ôzima (La kondolenca afiŝo estas metita de la fotisto.)

Lunde, la 3a de septembro 1923, je la 4a ptm
Ĉirkaŭ la ponto Eitai-basi (Kvartaloj Kôtô kaj Tyûô, Tokio)

Kio estas enfermita en malprecizecon

Estis pluveta tago. En la 3a de septembro 1923, je la 4a ptm, ĉirkaŭ la ponto Eitai-basi, koreoj estis murditaj fare de la armeo kaj homamaso, kaj la kadavroj estis forfluigitaj malsupren de la rivero Sumidagawa. La nombro de la kadavroj estis "ĉirkaŭ 30" aŭ "ĉirkaŭ 32".

> Kun kvin policanoj, ni — (nelegeblaj literoj) — ĉirkaŭ 30 ribelemajn koreojn, kiuj perfortis en Susaki, al la Policprefektejo en Hibiya, sub la ordono de serĝento-majoro SIMAZAKI Gisuke, kiu estis petita de la polico en Susaki, ke ni asistu por la eskortado de la koreoj. Kiam ni alvenis al la ponto Eitai-basi, ni rimarkis, ke ĝi estas brul-rompita. Dum ni preparis ŝipeton por transiri la riveron, unu koreo forkuris. Stimulite de tio, 17 koreoj subite plonĝis en la riveron Sumidagawa. Petite de la policanoj, ni pafis 17 kuglojn al la rivero. La koreoj, kiuj forkuris sed ne plonĝis en la riveron, estis batmortigitaj fare de multaj rifuĝintoj kaj la policanoj.
>
> "Raportoj pri la aferoj, en kiuj armiloj estis uzataj por la gardado post la Granda Tertremo" prenita el *Detala Raportaro de la Sieĝostata Komandejo en Kantô* [1]

La ponto Eitai-basi, kiu kuŝas super la rivero Sumidagawa, situas ĉe la limo inter la nunaj kvartaloj Tyûô kaj Kôtô. En la nokto de la unua de septembro 1923, brulis kaj falis la ponto plenŝtopita de rifuĝintoj, kiuj evitis fajron de ambaŭ bordoj.

Du tagojn poste, tie okazis la murdo kontraŭ la koreoj. La murdon faris tri soldatoj sub la ordono de serĝento-majoro Simazaki, el la 2a baterio de la unua artileria regimento. En la supra citaĵo el "Raportoj pri la aferoj" troviĝas priskribo pri la kondukitaj koreoj kun la nombro "ĉirkaŭ 30". Sed en la ero pri uzitoj de armiloj, la nombro de la koreoj estas indikita per la vortoj "ĉirkaŭ 32 (la nomoj de 17 el ili estas nekonataj)." La du priskriboj pri la sama murdo montras la malsamajn nombrojn, krome kun la malpreciza prepozicio "ĉirkaŭ".

Kang Tŏk-sang, emerita profesoro de la gubernia universitato en Siga kaj la plej eminenta esploranto pri la masakro kontraŭ koreoj post la tertremego, esprimas fortan indignon kontraŭ tio.

"Kion montras, ke la kondukitaj koreoj estis 'ĉirkaŭ 32' aŭ 'ĉirkaŭ 30'? *Ĉirkaŭ* estas malpreciza vorto same kiel *proksimume* aŭ *pli malpli*. Ni devas scii, ke enfermitaj en tiun ĉi malprecizecon estas du homaj dignoj. Tio montras, ke la vivojn de koreoj oni traktis malpeze kiel plumojn."[2]

La priskribo pri la afero en *Detala Raportaro* rakontas, kvazaŭ la afero estus kaŭzita de la forkuro de la koreoj, sed estas evidente kontraŭnature, ke la soldatoj pafmortigis per 17 kartoĉoj 17 koreojn plonĝintajn en la riveron. Kang konjektas, ke la soldatoj intence kondukis la koreojn al la rivero Sumidagawa por pafmortigi, kaj forĵetis la kadavrojn en la riveron por facile likvidi ilin. Pro la tragika falo de la ponto Eitai-basi, kiu okazis du tagojn antaŭe, nekalkuleblaj kadavroj svarmis sur la rivero. Oni poste eltiris la kadavrojn de la dronintoj el la rivero, kaj la nombro atingis kelkcent.

Kiel mi jam menciis, *Detala Raportaro de la Sieĝostata Komandejo en Kantô* estas dokumentaro kompilita de Japana Terarmeo pri la operacoj post la tertremego. "Raportoj pri la aferoj" estas parto de la raportaro. En ĝi oni listigis multajn murdajn aferojn fare de la Sieĝostata Armeo kontraŭ civiluloj, kun la kialoj de la murdoj. Ekzemple:

"La suspektinda koreo ĵetis bomb-aspektan objekton al la domo, […] ni

1 *Dokumentaro de japanaj armeo kaj registaro post Granda Tertremo en Kantô, volumo 2 – Terarmeo.*
2 *Granda Tertremo, Sieĝostato, Masakro,* red. la komitato de la simpozio okaze de la 85a datreveno de la Granda Tertremo en Kantô

bat-svenigis la koreon per bastonego." "La koreo subite prenis bomb-aspektan objekton el la ŝranko kaj estis ĵetonta ĝin al ni. Por sin defendi kontraŭ la ekstrema danĝero, ni devis pafmortigi la koreon." kaj tiel plu.

Tamen, neniu priskribo montras, ke oni kontrolis, ĉu efektive la "bomb-aspekta objekto" estis bombo. Kaj krome, en ĉiuj kazoj la kadavroj de la koreoj estis "lasitaj pro neevitebla cirkonstanco". Konklude, la klarigitaj kialoj verŝajne estas pretekstoj por pravigi la agojn de la soldatoj, kiuj sendemande murdis la koreojn kaj lasis la kadavrojn.

"Raportoj pri la aferoj" traktas 20 kazojn de murdaj aferoj. Entute 266 murditoj estis tie registritaj. (El ili 39 estis koreoj, 200 estis ĉinoj (la armeo insistis, ke ili estis koreoj), kaj 27 estis japanoj.)

Aparte estis 21 murditoj (13 koreoj kaj ok japanoj) neregistritaj en "Raportoj pri la aferoj". La murditoj estis registritaj en la raporto pri la murdoj fare de la armeo, kiu troviĝas en la raportaro[3] de la interna esploro fare de la Ministerio pri Justico[*1]. La sumo de la murditoj registritaj en la du dokumentoj estas 287.

Certe, verŝajne la nombro montras nur malgrandan parton de la tuto

La panoramo de la sudo, el la orienta parto de la ponto Eitai-basi.

de murdaj aferoj, kiuj efektive okazis. Endô Saburô (1893–1984), kiu estis terarmea kapitano kaj la konsilanto de la 3a brigado de artilerio, jene rakontis en la intervjuo fare de la verkisto Tunoda Husako (1914–2010), en la 70-aj jaroj.

"Mi klare konscias la malbonecon. Sed tiam la soldatoj kredis, ke ili mortigu laŭeble multajn koreojn por la ŝtato, kaj per tio ili meritos ordenon. Neniu rajtas kondamni ilin pro la murdoj. Kulpas tiuj, kiuj inspiris la ideon al la soldatoj kaj lasis ilin."[4]

Finfine, neniu el la armeo estis kondamnita pro la murdoj kontraŭ koreoj nek kontraŭ ĉinoj.

---

3   Raportoj pri kriminalaj kazoj kaj la rilataj aferoj post la Granda Tertremo, el *Dokumentaro de la Moderna Historio, volumo 6*

4   Tunoda Husako: *La terarmea kapitano Amakasu*

*1   La eksa Ministerio pri Justico *Sihô-syô* ekzistis ekde 1871 ĝis 1948. Ĝi estas malsama ol la nuna Ministerio pri Justico *Hômu-syô*.

Marde, la 4a de septembro 1923, je la 2a atm
Sur la ferponto Arakawa de la fervoja linio Keisei
(Kvartaloj Adati kaj Katusika, Tokio)

Nenombreblaj cikatroj

Kiam memdefendantoj venis al ni, dudek koreoj, tiu, kiu sidis plej proksime al ili, estis Im Sunil. Li estis laboristo por la konstruado de la digoj ĉe la kanalo Arakawa. Li preskaŭ ne kapablis aŭskulti la japanan. Kiam la memdefendantoj ion diris al li apudsidanta, li laŭte vokis min kaj kriis: "Ili ion diras, sed mi tute ne komprenas. Interpretu!" Apenaŭ li fermis la buŝon, li estis buĉita per bato de japana glavo fare de la memdefendantoj. Ankaŭ najbare sidanta viro estis murdita. Mi estis certa, ke se mi sidos plu, ili murdos ankaŭ min. Mi signis al miaj frato Hoonbeoum kaj bofrato (la edzo de fratino), kaj freneze saltis malsupren de la ferponto.

Shin Changbeom[1]

Shin Changbeom venis al Japanujo en la 20a de aŭgusto, tuj antaŭ la tago de la tertremego. Li venis kun siaj 15 kamaradoj kaj parencoj por vojaĝi en la lando. Ili vojaĝis tra la regiono Kansai, kaj alvenis al Tokio en la 30a.

En la unua de septembro, je la 11a kaj 58 minutoj, li ĝuste prenis tagmanĝon en la hotelo en Ueno. En Korea Duoninsulo preskaŭ ne okazis tertremo.

"Ĉar ni neniam spertis tertremon ĝis tiam, ni ŝanceliĝis: unu falis de ŝtuparo, kaj alia tremis pro teruro. Mi saltis de la dua etaĝo sur la teron."

Ili forkuris tien kaj reen en la flamanta urbo, kaj rifuĝis de loko al loko helpite de siaj konataj koreoj. Kuniĝis kun ili kelkaj samnaciaj kamaradoj, kiuj vivis en Tokio. En la nokto de la 3a, ili alvenis al la digo de la kanalo Arakawa.

Sur la digo estis tiel plena de rifuĝintoj, ke eĉ paŝado malfacilis al ili, kaj pro la homa svarmo ili fordrivis al la mezo de la ferponto de la fervoja linio Keisei. La ferponto restas en la sama loko tuj antaŭ la stacidomo, kies nomo tiam estis Arakawa kaj nun estas Yahiro. En la tempo de la Granda Tertremo, najbare de la ferponto paralele kuŝis la ponto Eksa Yotugi-basi.

Nokte ĉirkaŭ la 2a horo, kiam ili dormetis, ili aŭdis kriojn: "Forpelu koreojn!" "Mortigu koreojn!" Ili vekiĝis kaj trovis, ke armita grupo vekis rifuĝintojn, kiuj amase sidis, unu post la alia por ekzameni ĉu la homo estas koreo aŭ ne. La armita grupo venis sur la ferponton kaj faris la kruelaĵon, kiel en la supra citaĵo.

Im Sunil estis hakita per bato de japana glavo, kaj ankaŭ la najbare sidanta viro estis murdita. Vidinte tion per siaj propraj okuloj, Shin kun siaj frato kaj bofrato saltis de la ferponto en la kanalon Arakawa.

Tamen, baldaŭ li estis kaptita fare de la memdefendantoj, kiuj sekvis lin per boato. La memdefendantoj trenis lin el la kanalo sur la bordon, kaj tuj atakis lin per japana glavo. Li ŝirmis sin, kaj la glavo dehakis lian etfingron de la mano.

Shin alsaltis al la atakintoj por rezisti, sed en la sekva momento li svenis pro atako de ĉirkaŭaj japanoj. Li ne sciis tion, kio poste okazis ĉe li. Kiam li vekiĝis, li trovis sin tutkorpe vundita. Oni lasis lin en la kadavrejo de la policejo Terazima. Lia frato enmetita en la saman policejon trovis lin inter amaso da kadavroj. Dank' al la flegado de la frato li mirakle saviĝis.

En la fino de oktobro, oni transportis gravajn vunditojn de la policejo Terazima, al la malsanulejo de la Japana Ruĝa Kruco. Tiam oficisto de la Oficejo de General-Gubernatoro de Koreujo ordonis al Shin, ke ili toleru ĉion pri la afero, kiel trafis ilin naturkatastrofo. Ĉar neniu krom Shin el la gravaj vunditoj komprenis la japanan, li devis interpreti la vortojn al siaj kamaradoj. Ili ne povis ricevi sufiĉan kuracadon eĉ en la malsanulejo. En lia

1 *Veroj kaj Faktoj pri masakro kontraŭ koreoj okaze de la Granda Tertremo en Kantô*

malsanula ĉambro estis 16 homoj, kaj postvivis nur naŭ.

Sur la korpo de Shin restis nenombreblaj cikatroj ĝis lia morto: je la perdita etfingro, kvar je la kapo, je la dekstra vango, je la maldekstra ŝultro kaj je la dekstra subbrako. Laŭ la supozo de Shin, la cikatroj je la internaj maleoloj esits markitaj pro tio, ke kiam oni portis lin, kiu ŝajne mortinte kuŝis, oni pikis liajn piedojn per hokstangoj kaj trenis la korpon, same kiel en fiŝbazaro oni hokas kaj trenas grandajn fiŝojn.

La ferponto Arakawa de la fervoja linio Keisei. La loko de la ponto estas sama kiel antaŭ 90 jaroj.

Marde, la 4a de septembro 1923, matene
En la policejo Kameido (Kvartalo Kôtô, Tokio)

En la policejo

En la mateno, mi aŭdis la interparolon de gardantaj policanoj, ke la polico arestis ĉiujn ĉefojn de la laborista sindikato en Nankatu, kaj en la tereno de la policejo oni pafmortigis du arestitojn; sed ĉar ĉirkaŭe kuŝas domoj, la polico pikmortigis la ceterajn ĉefojn per fusiloj kun bajoneto por ke la najbaraj loĝantoj ne aŭdu la sonon de pafado. Mi eksciis, ke la kamaradoj estis murditaj, kaj komprenis, kio estis la pafsono, kiun mi aŭdis en la frumateno.

En la mateno, mi tre volis iri al la necesejo, kaj oni permesis al mi iri. Sur la tero laŭlonge de la flankoj de la vojo al la necesejo, jam kuŝis 30 aŭ 40 stakigitaj kadavroj. Ĉar mi estis arestita en la dua etaĝo, mi ne vidis la masakron, sed devas esti, ke ĉiuj arestitoj en la surtera etaĝo ĝin vidis. Baldaŭ ĉiuj arestitoj eksciis, ke okazis la masakro, kaj tio vekis tre grandan maltrankvilon ĉe ili kun la ŝanceliĝantaj okuloj. Ĉiuj silentis, nek moviĝis, kaj pasigis tempon kiel mortintoj.

La masakro tuttage daŭris ankaŭ en la 4a de septembro. Oni ŝirmis la okulojn de miaj samnaciaj kamaradoj, faris ilin nudaj, starigis ilin en vicoj, kaj sub la signo de soldato kun pistolo, pikmortigis ilin per fusiloj kun bajoneto. Mi vidis per miaj propraj okuloj, ke aliaj ĉirkaŭaj soldatoj stakigas la kuŝantajn kadavrojn unuj sur aliaj. Kvankam pluvis dum la nokto, la masakro kontinue okazis, kaj ĝi daŭris ĝis la nokto de la 5a de septembro. […]

La nombro de la murditoj pro la masakro en la policejo Kameido, kiujn mi propraokule vidis, atingis 50 aŭ 60. Supozeble, la totala nombro estis pli granda.

CHUN Houm[1]

En la afero, kiun oni nomis "La afero en Kameido", oni murdis aktivulojn de la laborista sindikato. En la nokto de la 3a de septembro, HIRASAWA Keisiti (1889-1923), KAWAI Yositora (1902-1923) kaj ok aktivuloj estis arestitaj fare de la polico en Kameido, kaj murditaj fare de la soldatoj (el la 13a rajdista regimento) laŭ la peto de la polico. Estis du opinioj pri la dato, kiam okazis la murdo kontraŭ Hirasawa kaj la aktivuloj; unu opinio estas, ke ĝi okazis en la nokto de la 3a, kaj la alia estas, ke en la nokto de la 4a. Krom Hirasawa, plejparte de la murditoj estis ĉirkaŭ 20-jaraj junuloj.

Tamen, en la sama tempo, murditaj estis ne nur la aktivuloj, sed ankaŭ kvar memdefendantoj kaj tiom multe da koreoj, kiom ni ne povas juĝi.

Kiel mi menciis en la artikolo "Kial oni mortigis ĉinojn", en la teritorio de la polico en Kameido dense kuŝis fabrikoj kaj ofte okazis protestado fare de la laboristoj kontraŭ la dungintoj. Pro tio, la polico en Kameido laboris kiel sekura polico por publika ordo, kun la grava tasko observi kaj subpremi precipe la laboristan movadon. La policestro en la tempo de la Granda Tertremo, HURUMORI Sigetaka, estis la persono, kiu iam estris la subsekcion de la labora fako de la politika polico en la Policprefektejo. Nome, la polico en Kameido havis pli fortan emon malamike trakti maldekstrulojn kaj alinacianojn ol la alilokaj policoj.

Kaj krome, tuj post la tertremego, en la teritorio de la polico en Kameido regis granda konfuzo (la teritorio inkluzivis la areojn Yotugi-basi, Ôzima, kaj ĉirkaŭajojn de la stacidomo Kameido). La polico en Kameido raportis: "Bataloj kaj murdoj okazis en kaj ĉirkaŭ la urbo; la teritorio fariĝis tumultaj areoj, sed fine ni ne trovis spuron de perforto fare de koreoj."

Brigadoj de la polico kun soldatoj de la armeo iris al ĉiu loko de la tumultoj kaj arestis koreojn. La policejo estis plenplena de pli ol 1000 koreoj kaj ĉinoj (dume la policanoj esits proksimume 230). La situacion naskis ne aktiveco de la polico por protekti koreojn, sed la aktiveco por aresti "ribelemajn koreojn".

Ekde la 3a de septembro, la Policprefektejo provis bremsi la senbridajn agojn fare de la Memdefendaj Grupoj, ekzemple per disdonado de flugfolioj kun ordono, ke la Grupoj ne faru linĉon laŭ sia arbitra juĝo, ktp. Tio pruvas, ke la polico ekdubis la aŭtentikecon de la informoj pri la ribeloj fare de koreoj. Sed tiam la dubo restis ankoraŭ nebula.

En la policejo Kameido murditaj estis ankaŭ kvar japanoj, kiuj estis membroj de la Memdefenda Grupo. Ili estis arestitaj pro tio, ke ili atakis per japana glavo policanon, kiu provis deteni ilin de la fiago. En la arestejo ili kriadis: "Mortigu nin, se vi volas!" La polico en Kameido komisiis la armeon mortigi ilin. Post tiu ĉi afero, komenciĝis la masakro kontraŭ la aktivuloj kaj koreoj.

Chun Houm, kiu rakontis la aferon en la supra citaĵo, estis membro de la laborista sindikato en Nankatu, kiu agadis sub la gvido de la komunisto Kawai Yositora kaj aliaj. Du jarojn antaŭ la Granda Tertremo li venis al Japanujo por lernado. Li ekkredis, ke necesas socia revolucio por lia deziro liberigi Koreujon. Kaj li entuziasme agadis por la sindikato kiel laboristo de fajlilo-fabriko.

Ekde la 2a de septembro, Chun sentis, ke li estas en danĝero, ĉar li vidis ke memdefendantoj atakas koreojn surstrate. Kiam li aŭdis ke la polico ŝirmas koreojn en policejo, li juĝis ke estus pli sekure ol ekstere. En la tagmezo de la 2a, akompanante de dek-kelkaj japanaj amikoj el lia fabriko, li iris al la policejo Kameido. Sur la vojo tie kaj ĉi tie li vidis pik-mortigitajn kadavrojn de koreoj, sur kiuj staris bambuaj lancoj.

La rakonto de Chun montras, ke multaj koreoj ŝirmitaj en la policejo Kameido memvole venis, fuĝinte el atakoj de memdefendantoj. Tamen, la policejo estis pli danĝera loko ol la stratoj.

Chun estis akceptita en la policejon Kameido ĝis la 7a de septembro,

1 *Veroj kaj Faktoj pri masakro kontraŭ koreoj okaze de la Granda Tertremo en Kantô*

kaj poste estis sendita al la eksa koncentrejo en Narasino[*1]. En la 4a de septembro, je la 4a ptm, la Sieĝostata Komandejo donis ordonon, ke oni ŝirmu koreojn ĉirkaŭ Tokio en la koncentrejon Narasino kaj en aliajn. La mallibera stato de koreoj daŭris ĝis la fino de oktobro. Kiam li estis liberigita el la koncentrejo, li unue planis forlasi Japanujon, sed li decidis reiri al Kameido, ĉar li volis konfirmi la staton de siaj kamaradoj en la sindikato.

La afero en Kameido, nome la murdo kontraŭ la dek aktivuloj de la laborista sindikato okazinta en la policejo Kameido, estis vaste anoncita kiel skandalo. En la oktobro la registaro konfirmis la faktojn, sed fine neniu estis akuzita pro la afero sub la pretekso, ke la afero estis rezulto el justa agado de la armeo. Krome, pri la masakro kontraŭ la koreoj, kiu okazis en la sama tempo kaj en la sama policejo, eĉ pecon de la fakto ankoraŭ ne estas rivelita.

[*1] La koncentrejo estis en la urbo Narasino, la gubernio Tiba, proksime de la gubernio Tokio. Ĝi iam estis granda koncentrejo por militkaptitoj en la tempo de la Unua Mondomilito.

Septembro 1923
Ĉirkaŭ la ponto Eksa Yotugi-basi (Kvartaloj Katusika kaj Sumida, Tokio)

ILI ESTIS PAFMORTIGITAJ PER MAŜINPAFILOJ FARE DE SOLDATOJ

En la libro *La vento portu kanton de balzaminoj* troviĝas multaj atestoj ne nur pri la masakro kontraŭ koreoj fare de memdefendantoj aŭ aliaj ordinaraj popolanoj, sed ankaŭ pri masakro fare de la armeo.

Ĝenerale oni havas la fiksitan imagon pri la masakro kontraŭ koreoj post la Granda Tertremo en Kantô, ke ĝi estis murdoj kontraŭ koreoj fare de memdefendantoj. Certe la imago ne estas maltrafa, sed kiam oni pripensas la masakron nur surbaze de tiu imago, forlasita estas la fakto, kion la aŭtoritataro faris en la afero. Mi jam menciis, ke la estraranoj de la Policprefektejo, ekzemple Syôriki Matutarô, kaj la Polica Buroo de la Ministerio pri Internaj Aferoj k.a. disŝutis malverajn informojn, miskomprenninte la falsajn onidirojn faktaj. Syôriki konfesis, ke ankaŭ la armeo kredis la ekziston de la ribelo de koreoj almenaŭ en la 2a de septembro.

Efektive, troviĝas jenaj priskriboj en la dokumentaro de la armeo: "La trupo iris por subpremi koreojn en la areoj Meguro, Setagaya kaj Maruko." "Ni sendis trupon al la areo Gyôtoku por subpremi ribelantajn koreojn." ktp.[1]

La komandejo de la Unua Divizio, kiu havis ĉefan rolon en la Sieĝostato kune kun la Gvardia Divizio, konkludis en la 3a de septembro, ke "ne troviĝas pruvo de perforto fare de grupiĝintaj koreoj."[2] Sed la trupoj diversloken senditaj ankoraŭ murdis amason da koreoj.

Laŭ *La vento portu kanton de balzaminoj,* ankoraŭ nenio estas klara krom tio, ke la armeo alvenis ĉirkaŭ la ponton Eksa Yotugi-basi proksimume en la 2a aŭ la 3a de septembro. Ĉi-sube mi citu el la libro kelkajn atestojn pri la masakro fare de la armeo ĉirkaŭ la ponto Eksa Yotugi-basi, sendepende de la vico de la datoj.

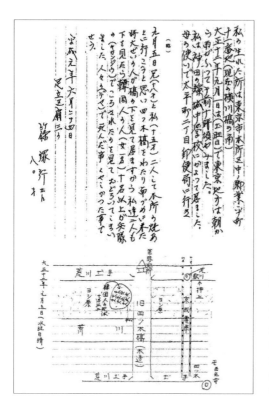

Manuskripto kaj mapo faritaj de la atestanto

Parto el la kajero de Sinozuka. La kajero apartenas al Societo por funebri, kiu esploras la historion de la masakro kontraŭ koreoj. La mapo montras la lokon, kie oni enterigis la koreojn murditajn fare de soldatoj.

"Tiu, kiu alvenis al la ponto Yotugi-basi, estis la rajdista regimento en Narasino. Ĉar la soldatoj rajdis sur ĉevalo, ili alvenis frue. Laŭ ili, koreoj disŝutis falsajn onidirojn. Kaj komenciĝis la murdo kontraŭ koreoj. Kiam la soldatoj murdis la koreojn, ĉiuj observantoj laŭte hurais. Sur la loko de la murdo, la herboj profunde nigre koloriĝis pro la sango." (Takada, pseŭdonimo)

"Proksimume ĉirkaŭ la nombro de soldatoj en unu plotono, nome 20 aŭ 30 koreoj troviĝis. Ili estis starigitaj en du vicoj, kaj infanterianoj pafis ilin de malantaŭe, nome, cele al ilia dorso. Estis paralele liniaj du vicoj, do sume 24 koreoj. La masakro daŭris du aŭ tri tagojn. La loĝantoj ne metis siajn manojn al la buĉado, kaj havis nenian rilaton kun la afero. La soldatoj forbruligis la kadavrojn de la koreoj sur la kanalbordo. Sub observado de la ĝendarma trupo, ili verŝis petrolon sur la kadavrojn kaj bruligis ilin kun brulligno." (Tanaka, pseŭdonimo)

"Sur la kanalbordo en la flanko de la kvartalo Sumida, sub la ponto Yotugi-basi, la armeo aranĝis ŝnuritajn koreojn po dek en ĉiu vico, kaj pafmortigis ilin per maŝinpafiloj. La armeo kuŝigis tiujn, kiuj ankoraŭ ne mortis, sur la relojn de vagoneto, verŝis kerosenon sur ilin, kaj ĉiujn forbruligis." (Asaoka Sigezô)

"En la 5a de septembro, mi volis viziti la forbrulintan lokon en Honzyo, kune kun mia 18-jara pliaĝa frato. Kiam ni iris trans la ponton Yotugi-basi ĝis ĝia okcidenta fino, mi rimarkis, ke amaso da homoj rigardis sub la ponton. Ankaŭ ni rigardis suben, kaj trovis pli ol dek koreojn inkluzive de unu virino. Surprizis min, ke ili estis pafmortigitaj per maŝinpafiloj fare de soldatoj." (Sinozuka Kôkiti)

1, 2 *Dokumentaro de la Moderna Historio, volumo 6*

Ĉapitro 2
Septembro 1923, Koŝmaro etendiĝanta al la ĉirkaŭaj regionoj

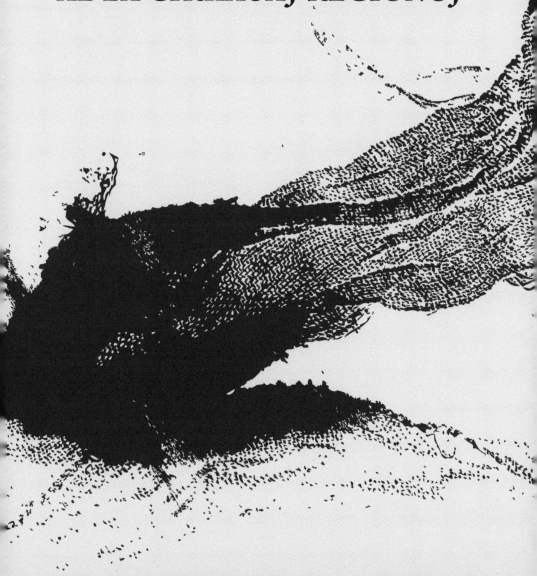

Septembro 1923
En la regiono Kita-Kantô (Norda Kantô)

Onidiroj veturis per trajnoj

> Kiam fervojo finfine reakiris la funkcion ĉe la stacio Ueno, rifuĝintoj venis pli kaj pli multe. La rifuĝintoj svarmis eĉ ĉirkaŭ la vaporkaldrono de la lokomotivo, aŭ sur la tegmentoj de la vagonaro. "Ĵus okazis batalo inter la japana terarmeo kaj koreoj en la 'monto de Ueno'[*1]. Pro tio, oni proklamis la Sieĝostaton por eviti rompiĝon de Japanujo." La rifuĝintoj portantaj nenion krom sia vesto, elbuŝigis kun serioza mieno kaj gestoj tian senbazan onidiron, kvazaŭ ĝi estus fakto. Plie, ĉiuj rifuĝintoj senscepte diris: "Ankaŭ mi vidis tion," "Ankaŭ mi vidis," kaj "Mitraloj tondris, fusiloj klakis, kaj bomboj eksplodis. Kaj poste sekvis murdoj. Terura tumulto. Kvazaŭ abeloj, kies nesto estas frakasita."
>
> TAKEUTI Masatugu,
> loĝanto de la urbo Kumagaya, la gubernio Saitama[1]

Tuj post la tertremego, multaj homoj lavange forlasis Tokion kaj rifuĝis en diversajn regionojn. Oni kalkulas, ke pli ol miliono da homoj fuĝis el Tokio ĝis la 20a de septembro. La trajnoj, kiuj rekomencis la funkcion, estis plenplenaj de homoj, kaj la rifuĝintoj svarmis eĉ sur la tegmentoj de vagonaro. Pro tio ofte okazis akcidentoj, ke rifuĝintoj estis skufaligitaj kaj mortis, kiam la vagonaro transiris ferponton aŭ trairis tunelon.

La granda migrado de rifuĝintoj rekte rezultigis disvastiĝon de onidiroj pri "ribelo de koreoj" kaj de la masakro.

Antaŭ ĉio, trajnoj kaj stacidomoj mem fariĝis la scenejoj de masakro.
EGUTI Kan (1887–1975), konata kiel maldekstra verkisto kaj disĉiplo de

la novelisto Natume Sôseki, publikigis la eseon "La afero en la vagono" en la ĵurnalo Tokyô Asahi, en novembro 1923, du monatojn post la tertremego. Li ne ricevis damaĝon pro la tertremo, ĉar tiam li restis en sia gepatra domo en la urbo Karasuyama-mati (nuna Nasu-Karasuyama-si), la gubernio Totigi. Sed poste li dufoje eniris en Tokion, kaj sur la vojo ankaŭ li mem estis apenaŭ mortigita fare de membroj de la Memdefenda Grupo. "La afero en la vagono" temas pri afero, kiun li spertis en sia vagono de la fervoja linio Tôhoku, sur la revenvojo al Totigi.

La vagonaro estis plena de rifuĝintoj. Ili okupis sian lokon "ne nur sur ĉiuj tegmentoj, sed ankaŭ sur la kunigiloj, kaj eĉ ĉirkaŭ la vaporkaldrono de la lokomotivo, kvazaŭ svarmo de formikoj amasiĝintaj sur vermo." En la vagono ĉiuj rifuĝintoj ekscitite rakontis inter si pri tio, kian danĝeran sperton ili havis, kaj kiel ili fuĝis. En la rakontoj aperis ankaŭ onidiroj pri koreoj kaj pri socialistoj.

Kiam la trajno transiris la ferponton super la kanalo Arakawa, oni malsupre vidis kadavrojn de koreoj, kiuj fluis sur la rivero. La vagono fariĝis plena de la krioj: "Jen, vidu!", kaj ĝin sekvis "frenezaj huraoj".

Kiam la pasaĝeroj trankviliĝis, ekkverelis rezervsoldato kaj komercisto. La kaŭzo de la kverelo ŝajnis, ke unu tretis la piedon de la alia, aŭ tia malgrava afero. Neniu interesiĝis pri la kverelo, sed la situacio subite ŝanĝiĝis, kiam la rezervsoldato stariĝis kaj elbuŝigis jenajn vortojn:

"Hej, kamaradoj, tiu ĉi ulo estas koreo! Kia kanajla ulo, kiu kaŝis sin inter ni!"

En la sekva momento ĉiuj en la vagono stariĝis, kaj bolis koleraj voĉoj. La komercisto persekute ĉirkaŭita de la homamaso ŝanceliĝis kaj neis la suspekton: "Mi ne estas koreo, mi ne estas koreo!" Sed la homamaso ĉiam pli

---

1 *Kaŝita Historio, ampleksigita eldono,* red. Komitato por Esplori kaj Funebri pri la koreaj viktimoj ĉe 60-jariĝo de la Granda Tertremo en Kantô

*1 kromnomo de la parko Ueno.

akre pridemandis lin. Kaj, kiam la trajno haltis ĉe la sekva stacio, la homamaso bate forpelis lin tra la fenestro, kaj ĵetis lin en la mezon de membroj de la Rezervsoldata Societo, kiuj atendis sur la kajo. Al lia korpo ŝprucis pugnobatoj de la rezervsoldatoj.

"Hej, ĉesu, ĉesu perforti. La viro estas japano, li estas japano!" kriis Eguti, sed la linĉado ne haltis. En la homamaso sur la kajo baldaŭ brilis la pinto de hokhakilo. Post momento Eguti vidis, ke ŝprucas ruĝa sango el la vizaĝo de la viro. Li estis puŝe pelata fare de la homamaso malantaŭ la elirejon de la stacidomo.

Eguti finis la eseon per jenaj vortoj: "Mi ne povis malpermesi al mi senti elkoran abomenon kaj malamon kontraŭ la 'Japana Spirito', sub kiu multaj bravaj japanoj, fidelaj al la spirito, fiere persekutis kaj buĉis nearmitan minolitaton per barbaraj forto kaj armiloj. Mi abomenas precipe la stultecon, la ruzecon kaj la oportunismon."

Tia perforto, kian li vidis, estis tre ofte registrita. Multaj homoj veturis per trajno de Tokio al la regiono Tôhoku por rifuĝi. Kaj tiam okazis similaj aferoj, ke koreoj, aŭ japanoj misprenitaj kiel koreoj, estis eltrenitaj el la vagono, kaj murditaj en aŭ antaŭ la stacidomo.

En la gubernio Totigi, multaj koreoj estis perfortitaj en aŭ ĉirkaŭ la stacidomoj Utunomiya, Mamada, Koganei, Isibasi kaj Oyama. En la nokto de la 3a de septembro, en la stacidomo Isibasi de la fervoja linio Tôhoku okazis murdo. "El la vagono de trajno, kiu veturis for de Tokio, oni eltrenis kaj kruele batmortigis du neidentigeblajn koreojn, kiuj kaŝis sin en la vagono".[2] Kaj en la nokto de la 5a de septembro, en la sama gubernio, antaŭ la stacidomo Higasinasu-no-eki (nun Nasusiobara) la koreo Ma Talchul kaj la japano MIYAWAKI Tatuzi, kiu akompanis la koreon, estis murditaj apud la vilaĝa policejo.

Laŭ la raporto de la prokurorejo, en la gubernio Totigi murditaj estis ses koreoj kaj du japanoj; grave vunditaj estis du koreoj, unu ĉino kaj kvar japanoj. Kaj 56 krimuloj estis akuzitaj.

Antaŭ la stacidomo Oyama kolektiĝis 3000 homoj por serĉi kaj linĉi

Ĉapitro 2   Septembro 1923, Koŝmaro etendiĝanta al la ĉirkaŭaj regionoj

koreojn el la rifuĝintoj, kiuj elvagoniĝis ĉe la stacidomo. Restas epizodo, ke iu virino ekstaris kun la etenditaj brakoj kontraŭ la homamaso apenaŭ perfortonta koreon. Ŝi laŭte diris: "Tia ago ne estas permesebla," kaj "Ĉu vi efektive vidis, ke la homo venenis puton?" En la jaro 1996, la esploro de *Esplorgrupo en la gubernio Totigi pri la Perforta Forkonduko kontraŭ Koreoj* malkovris, ke la virino en la epizodo estis ÔSIMA Sadako, kiu forpasis en 1974, en la aĝo de 92. Ŝi estis kristanino.

    La onidiroj veturis per trajnoj, rajdis sur la dorso de rifuĝintoj, kaj pli kaj pli disvastiĝis. Sekvis ilin falsaj novaĵoj fare de ĵurnaloj, kaj akcelis ilin eraraj reagoj fare de la aŭtoritatularo. Tiel la masakro vastigis sian teritorion ĝis la okcidenta parto de Tokio, kaj la gubernioj Tiba, Saitama kaj Gunma, nome, ĝis la regionoj, kiuj apenaŭ ricevis damaĝon pro la tertremego.

---

2   Ĵurnalo Zyômô en la 25a de oktobro 1923, el *Veroj kaj faktoj pri la masakro kontraŭ koreoj okaze de la Granda Tertremo en Kantô*

Marde, la 4a de septembro 1923
En la urbo Kumagaya (Gubernio Saitama)

Kun la hurao "Banzai"

> En la budhisma templo Yûkoku-zi, mi vidis vivon kaj morton. En la tereno de la templo oni faris kvin grupojn, kaj en ĉiu grupo japanoj ĉirkaŭis unu koreon. Kaj kiam la japanoj murdis la koreon, ili ĉiufoje hurais: "Ŭaŭ, Ŭaŭ!" "Banzai, Banzai!"
>
> SIBAYAMA Kônosuke (loĝanto de la urbo Kumagaya)[1]

Tio ĉi estas la sceno, kiu okazis en la nokto de la 4a de septembro 1923, en la templo Yûkoku-zi, kiu situas en la meza parto de la urbo Kumagaya, la gubernio Saitama.

En la gubernio Saitama la damaĝo pro la tertremo estis malgranda, sed ankaŭ tie la onidiro pri "ribelo de koreoj" estis disvastiganta pere de rifuĝintoj, kiuj enfluis el Tokio. "En Tokio nun batalas koreoj kaj la japana armeo. Multaj el la japana armeo estas mortigitaj, kaj la batalon regas la koreoj."[2] Tia ĉi absurdaĵo tamen gajnis seriozan realecon, kiam la rakonto venis el la buŝoj de rifuĝintoj portantaj nenion krom sia vesto.

Aldone al tio, aŭtoritatularo agnoskis la onidiron, same kiel en la aliaj okazoj. En la 2a de septembro, la aŭtoritatularo de la gubernio Saitama sendis al ĉiuj siaj urboj kaj vilaĝoj anoncon, ke oni pretigu sin, kunlaborante kun la Rezervsoldata Societo ktp., ĉar "ribelemaj koreoj, kiuj faris perforton profitante la katastrofon en Tokio" probable venos en la gubernion Saitama. Responde al la anonco, oni organizis Memdefendajn Grupojn en diversaj lokoj.

Kaj la aŭtoritatularo efektive arestis koreojn en la urbo Kawaguti[*1], kiuj rifuĝis en la gubernion, kaj sendis ilin al la urbo Warabi. Kaj poste la aŭtoritataro komisiis al la Memdefendaj Grupoj en ĉiu urbo aŭ vilaĝo la eskortadon de la koreoj al la nordo. Nome, ĝi ordonis, ke ĉiu Memdefenda Grupo, kunlabore kun policanoj, eskortu la koreojn al la apuda urbo, kaj tiel sendu ilin pli kaj pli al la nordo. Oni supozas, ke la celloko estis la regimentejo en la urbo Takasaki, la gubernio Gunma, sed la fakto ankoraŭ restas nebula.

En arda varmo de malfrua somero, la koreoj, inter kiuj ankaŭ estis familioj, estis devigitaj senripoze paŝadi. Dum la paŝado, murditaj estis sume dek kelkaj, kiuj provis forkuri.

Ili daŭre marŝis de Warabi, al Ômiya, kaj al Okegawa, kaj estis liveritaj de urbo al urbo. Ili alvenis al la urbo Kumagaya, vespere de la 4a de septembro, post 50 kilometroj da marŝado en la daŭro de 30 horoj. Laŭ la plano, la Memdefenda Grupo en Kumagaya-mati devus transpreni la eskortadon antaŭ la urbocentro. Sed la situacio de tiu ĉi urbo diferencis de la aliaj urboj aŭ vilaĝoj.

La urbocentron de Kumagaya-mati svarme okupis ŝajne miloj da homoj. Tiutempe, la popolnombro de la rapide kreskanta urbo Kumagaya atingis ĉirkaŭ 23 mil. La alvoko, ke po unu homo el ĉiu domo aliĝu al la Memdefenda Grupo, venigis tro multe da homoj al la strato. Ili jam formis senordan, sangavidan amason, kiu volis venĝi la aferojn en Tokio kontraŭ koreoj.

La homamaso inunde sturmis la koreojn, kiuj aperis ĉirkaŭ la gruzejo, kiu estis la rendevua loko de la Memdefenda Grupo por transdoni la eskortadon. Iu instigis la impetantan homamason: "Tiuj ĉi koreoj murdis niajn onklinon, fraton, kuzon kaj aliajn, kaj incendiis niajn domojn. Tiuj ĉi uloj estas niaj malamikoj!"[3] Ĉi tie murditaj estis pli ol 20 koreoj.

YAMAGISI Sigeru, esploranto loĝanta en la urbo Kumagaya, priskribis tiun ĉi situacion jene: "La popolanoj, kiuj partoprenis en la masakro antaŭ la

---

1, 2, 3   *Kaŝita Historio*

*1   La urbo situas en la suda parto de la gubernio, proksime de Tokio.

urbocentro, portis la ekskiton en la urbocentron. Kun sangmakulita japana glavo, bambua lanco aŭ bastonego ili serĉadis forkurintajn koreojn, kaj murdis tiujn, tuj kiam ili trovis. Tian agon neniel oni povas nomi memdefendo." [4]

Eĉ ŝnurite trenitaj koreoj, kiuj ne forkuris nek ribelis, ricevis senkompatajn perfortojn.

"Tiam mi vidis, ke antaŭ miaj okuloj, iu hakis koreon per japana glavo, malgraŭ la voĉo de alia, kiu provis haltigi. La murdinto diris, ke li elprenis la japanan glavon el la hejmo, kaj hakis la koreon por konstati la akrecon de la glavo, profitante tiun oportunon, ĉar alie li neniam povus ĝin konstati." (Rakonto de unu loĝanto)

La loko, al kiu ili fine venis en la malfrua nokto, estis la tereno de la templo Yûkoku-zi. Kaj tie, preskaŭ ĉiuj el la postvivintaj koreoj estis murditaj ĉirkaŭite de laŭtaj krioj: "Banzai, Banzai!"

Yûkoku-zi estas templo de la budhisma sekto Zyôdo-syû, kiu estis konstruita en la loko de la iama ermitejo de KUMAGAI Naozane, kiu tie pasigis la bonzan vivon. Kumagai estas la samurajo Kumagai, fame konata per la historia epopeo Heike Monogatari (La Rakonto de Heike). En la epizodo "La fino de Atumori" li kun larmoj hakis la kapon de TAIRA no Atumori, kiu estis preskaŭ samaĝa kiel lia filo. Poste Kumagai fariĝis disĉiplo de la altklasa bonzo Hônen, kaj bonziĝis.

Yamagisi konjektas, ke la nombro de la tiam murditaj koreoj estis de 40 ĝis 80. "Ĉar eĉ la nombro de la murditoj ankoraŭ ne klariĝis, estas nature, ke restas nenia informo pri la viktimoj, ekzemple pri la nomo, aĝo, sekso, okupo, hejmloko ktp."

Ĉiuokaze, la kruelaĵo preskaŭ haltigas nian spiron. Estus apenaŭ komprenebla, se la rifuĝintoj el la fajrego fariĝus perfortemaj pro troa memdefendo, kaj pro neeltenebla kolero. Kial tamen la homoj, kies urbo situas longe for de la damaĝita areo, povis fariĝi tiel kruelaj? Yamagisi atentigas, ke en la fono de la afero kuŝis la troa lojaleco, konformismo ktp. de la novaj loĝantoj ĵus transloĝintaj en la urbo.

Yamagisi rakontas pri "Memdefendaj Grupoj" ankaŭ jene:

"El la Memdefendaj Grupoj aperis tiaj homoj, kiuj sin amuzis per masakro kaj persekutado kontraŭ koreoj ignorinte la koncepton de memdefendo. La maniero de la murdo, kiun ni ĵus vidis, jam ne estas rimedo por memdefendo. Tio montras, ke socie subpremitaj homoj faris atakon kontraŭ malfortuloj por likvidi sian torditan frustriĝon." "Ili faris la kruelaĵon, kvankam ili komprenis, ke la koreoj ne estis danĝeraj. Tio estis nur turmentado kontraŭ malfortuloj por likvidi sian frustriĝon." "Sekve, iu ajn estis oportuna al ilia celo, se tiu estis malforta ol ili kaj senriske atakebla." [5]

Tiu ĉi teksto ne temas precipe pri la afero en Kumagaya, sed ĝenerale pri Memdefendaj Grupoj. Oni povus diri, ke la kruelaĵo skizita ĉi tie apertenas al universala malnobleco de homoj, sendepende de specifaj tempo, lando kaj regiono. Sed en hodiaŭa Japanujo, kie malamaj esprimoj inundas en la interreto, kaj rasistoj laŭte krias: "Ekstermu koreojn!" sur la strato, tiu ĉi priskribo havas apartan konvinkan povon.

Ni metu la fokuson denove sur Kumagaya en septembro 1923.

La kadavroj, kiuj kuŝis tie kaj ĉi tie sur stratoj, baldaŭ eligis putran odoron pro la varmo. Kaj ilin manĝacis vagantaj hundoj. La lasitajn kadavrojn, al kiuj neniu proksimiĝis, silente portis per ĉaro kaj bruligis en kampo nur la du homoj, nome unu kremacia laboristo kaj tiama vic-urbetoestro de Kumagaya, Arai Ryôsaku. Arai, post kiam li fariĝis la unua urboestro de Kumagaya, konstruis monumenton por koreaj viktimoj en 1938. Eĉ nun la monumento estas konservata, kaj ekde 1995 ĉiujare oni okazigas funebran memorceremonion, sub la organizado de la urbo Kumagaya.[6]

Laŭ la kalkulo de Yamagisi, la nombro de la murditaj koreoj en la gubernio Saitama, inkluzive de la murditoj en la afero en Honzyô (ĉirkaŭ 100 murditoj) kaj en la afero en la vilaĝo Zinbohara (nun Kamisato-mati, 42 murditoj), kiuj okazis en la 4a de septembro same kiel en Kumagaya, superas 200.

4, 5 Yamagisi Sigeru: *La Granda Tertremo en Kantô kaj la Masakro kontraŭ Koreoj – Profunda Esploro 80 jarojn post la afero*

6 Yamagisi atentigas, ke la epigrafo de la monumento ne havas konkretan klarigon pri la afero, nek diras, ke la murditoj estis koreoj.

Ĉirkaŭ ci tie estis la gruzejo, kie okazis la unua masakro. (Apud traknivela pasejo de la linio Titibu.)

La monumento por koreaj viktimoj en la tombejo Ôhara de Yûkoku-zi.

En la novembro la juĝejo verdiktis pri la kazoj, sed la kondamnoj al la akuzitoj estis jenaj: unu kondamnita al 4-jara punlaboro, 20 al 2- aŭ 3-jara punlaboro, 95 al punlaboro kun suspendo, kaj du senkulpaj. Policano el la policejo Honzyô, kiu atestis en la juĝejo, poste rakontis jene: "Ŝajne la prokuroro intence evitis tuŝi la detalan situacion de la masakro, ĉar li neniom demandis min, kvankam mi ĉeestis en la afero ekde la komenco ĝis la fino."⁷ Ŝajnas, ke la juĝado estis malsincera.

Kaj, estas evidente, ke la rekta kaŭzo de la tiel granda kruelaĵo estis la anonco sendita de la gubernia aŭtoritatularo en la 2a de septembro. Ankaŭ en amaskomunikiloj oni atentegis tion ekde tuj post la afero en Kumagaya. Sed la tiama sekciestro pri Internaj Aferoj de la gubernio Saitama reagis al la kritiko per la vortoj sen memkritiko: "Se mi kaŭzus konflikton en normala socia stato, mi estus kulpa. Tamen konsiderante la tiaman kaosan staton, mi pensas, ke mi traktis la aferon adekvate, eĉ bone."⁸ Tiel la respondeco vaporiĝis ien.

La onidiroj kaj masakro etendis sin pli norden de Saitama. En la 5a aŭ la 6a de septembro, en la urbeto Huzioka-mati, Tano-gun, la gubernio Gunma (en la nuna urbo Huzioka) okazis la afero, ke 17 koreoj ŝirmitaj en la policejo Huzioka estis murditaj fare de sturmanta homamaso. La poeto Hagiwara Sakutarô (1886–1942) esprimis sian indignon kontraŭ la afero, en sia versaĵo. (vd. Enkonduke)

7   Kitazawa Humitake: *La Masakro kontraŭ Koreoj en la erao Taisyô*
8   Tôkyô Niti-Niti Sinbun en la 24a de oktobro 1923, el *Kaŝita Historio*

Merkrede, la 5a de septembro 1923
Ĉirkaŭ la templo Rakan-zi (Kvartalo Kôtô, Tokio)

Dek ses oferitoj

Kiam mi venis sur la vojo Tiba-kaidô, mi trovis ŝajne preskaŭ 1000 koreojn aranĝitajn en kvar vicoj. La koreoj, kiujn oni provizore enmetis en la policejon Kameido, nun esits sendataj al Narasino eskortite de iom da ĝendarmoj kaj soldatoj.

Kompreneble, piedire. Kiam iu deviis de la vico, la soldatoj tuj batis tiun. Ili traktis la koreojn kvazaŭ militkaptitojn, ne tiel kiel homojn. [...] Tiutempe, mi estis en la aĝo de just-ama junulo. Mi demandis min, ĉu vere tiuj homoj faras malbonon. Mi sentis dubon kaj kompaton. [...]

Kiam mi venis ĉi tien (ĉirkaŭ la domo de publika banejo apud la templo Rakan-zi), mi trovis 16 koreojn, kiuj estis katenitaj kaj per metalfadenoj trenitaj po ok en vicoj. Verŝajne, ili estis parto el la ĵus vidita amaso. Laŭ mia memoro, ilin eskortis du ĝendarmoj, kaj kvar aŭ kvin soldatoj kaj policanoj. Sekvis la grupon unuj post la aliaj furiozaj popolanoj kriante: "Liveru, liveru!" "Liveru al ni la malamikojn!"

La eskorto igis la koreojn eniri en la domon de la publika banejo, foriginte la popolanojn. Ankaŭ mi ĝis tie sekvis la grupon pro la scivolemo, kaj trankviliĝis pensante, ke la eskorto tie ŝirmos la koreojn kaj sendos al (la koncentrejo) Narasino. Ĉio estas en ordo, mi pensis. Mi turnis min por iri hejmen, sed nur minutojn poste iuj kriis: "La uloj eskapis el la dorsa elirejo!"

Kio okazis? — mi rigardis la lokon, de kie oni kriis. Popolanoj kaj memdefendantoj estis amasiĝantaj unu apud la alia. En la dorso de la domo situis tombejo, kies tereno estis iom pli malalta kaj trempita de akvo. Kaj la soldatoj kaj la policanoj foriris ien, kvazaŭ ili cedus al la popolanoj la disponon pri la koreoj. Nun, la furiozuloj hakis, pikis, pugnis kaj piedbatis, kvankam ne pafis. Mi ne plu povis vidi la kruelaĵon. La japanoj, 50- aŭ 60-ope, furioze murdis ĉiujn 16 koreojn.

[...] Estis vespere, ĉirkaŭ la 4a horo kaj duono. Kvankam jam pasis 60 kaj kelkaj jaroj, mi klare memoras, kvazaŭ mi nun vidus, ke la sango ŝprucinta sur la hokstango reflektas en la vespera krepusko. Ne nur memdefendantoj, sed ankaŭ ordinaraj popolanoj kaj duonnuda tatuita viro kune kaj freneze faris la kruelaĵon kriante: "Tiuj ĉi uloj krimis!"

URABE Masao[1]

Tio ĉi estas rememoro de Urabe Masao, kiu aperis en la artikolo "Magnitudo 7.9". Kiam la 16-jara knabo vidis la aferon, la templo Rakan-zi staris apud la nuna stacidomo Nisi-Ôzima de la fervoja linio Toei Sinzyuku. La raporto fare de Masao estas iom malfacile komprenebla. Koncize dirite, la ĝendarmoj forkondukis la 16 koreojn el la vicoj de ŝajne preskaŭ 1000 koreoj, igis la koreojn eniri la domon de publika banejo, kaj "liberigis" ilin el la dorsa pordo de la domo, por lasi la homamason murdi la koreojn.

Post la fuĝo el la forbrulinta urbo Honzyo, Masao rifuĝis en la domon de la konato en Ôzima. En la tago de la tertremego, li disiĝis de sia patro, sed en la sekva tago li sukcesis revidi la patron. Tamen, li ne trovis la spurojn de sia pliaĝa frato, kaj li kune kun la patro ĉiutage ĉirkaŭvagis en diversaj lokoj por serĉi la fraton.

Dum la vagado, Masao multfoje vidis masakron kontraŭ koreoj. En la mateno de la 3a de septembro, li vidis 20 koreojn pafmortigitajn fare de la armeo, sub la ponto Maruhati-basi en Ôzima. Ili estis ŝnuritaj per metalfadenoj je la manoj malantaŭ la dorso. Unu viro ankoraŭ vivis, malgraŭ ke la sango ŝprucis el lia korpo. Ankaŭ apud la ponto Sinkai-basi, li vidis

[1] *La vento portu kanton de balzaminoj*

dek pafmortigitajn kadavrojn. En la 4a de septembro, li venis al la placo Rikugun-Hihukusyô-Ato (la nuna parko Yokoami-tyô-Kôen), kie estis plena de karbiĝintaj kadavroj, kiuj mortis pro la fajra ŝtormo. Tie li vidis kvar koreojn verŝitaj kerosenon kaj bruligitaj de iuj viroj. La viroj kriis: "La uloj murdis niajn fratojn, gepatrojn kaj gefilojn!"

Masao, kiu propraokule vidis la masakron kontraŭ koreoj, rigardis la vicojn de koreoj sendataj al Narasino, kun trankviliga supozo, ke ili ne plu estos murditaj. Sed masakro kontraŭ koreoj ankoraŭfoje okazis.

Ekde la 3a de septembro, la registaro, armeo kaj police komencis ŝanĝi la gvidprincipon, ĉar ili eksciis, ke la "ribelo de koreoj", kies ekziston ili miskredis, neniam kaj nenie okazis.

En la 4a de septembro, je la 4a ptm, la sendado de koreoj al Narasino estis decidita fare de la komandejo de la Unua Divizio. Kaj samtage, je la 10 ptm, la komandejo faris la oficialan ordonon: unue, soldatoj enmetu koreojn ekzemple en la koncentrejon Narasino, kiu iam estis por militkaptitoj; due, ĉiu trupo "en oportuna tempo kolektu" koreojn en sia gardteritorio kaj sendu ilin al ŝirmejo.

La izolado kaj koncentrado de koreoj en Narasino estis la taktiko, kiu celis haltigi plian grandiĝon de la masakro fare de la Memdefendaj Grupoj. En la 5a, YAMAMOTO Gonbê, kiu enoficiĝis kiel la japana ĉefministro en la sekva tago de la tertremego, faris la kabinetan anoncon "Rilate al prudenta konduto de la nacianoj okaze de la Granda Tertremo (Rilate al kontrolado pri agoj de koreoj)", kaj per ĝi li petis la japanojn ĉesi perforti koreojn.

"Tio, ke popolanoj mem propravole persekutas koreojn, estas malkonforma al la principo de la Asimilado[*1] inter Japanoj kaj Koreoj, kaj ankaŭ tre maloportuna por ni, ĉar amaskomunikiloj ekster Japanujo raportos tion."

La anonco diras, ke la persekutado propravole farita de la popolanoj mem, ne de la police nek de la armeo, kontraŭas al la "bona intenco" de Japanujo, kiu aneksis Koreujon; kaj ke ne dezirinda estas la informado ekster Japanujo pri la masakro. Unuvorte, la ĉefministro timis, ke la fakto de la masakro estos raportita ekster Japanujo kaj tio fariĝos malavantaĝo por la ŝtato.

Aldone, senditaj al Narasino estis ne nur koreoj, sed ankaŭ ĉinoj. La maksimuma nombro de la akceptitoj en la koncentrejo en la 17a de septembro estis: pli ol 3000 koreoj, kaj ĉirkaŭ 1700 ĉinoj.

Pri la masakro kontraŭ ĉinoj en Ôzima-mati, mi skribis en la artikolo "Kial oni murdis ĉinojn". Pro tiu ĉi ordono pri la sendado al Narasino, ankaŭ kelkcent ĉinaj laboristoj en Ôzima, kiuj ne suferis la masakron, estis kaptitaj de la polica brigado, kaj estis senditaj al Narasino. Ĉinoj malaperis el Ôzima, kaj la vaka loĝejo de ĉinoj tuj fariĝis loĝejoj por japanaj laboristoj.

La koreoj, kiujn la knabo Masao vidis, estis senditaj al Narasino laŭ la ordono farita en la antaŭa nokto. Nun stariĝas demando: Kial nur la 16 koreoj estis forlasitaj sur la vojo, kaj oferitaj al la Memdefenda Grupo?

En sia libro *La Granda Tertremo en Kantô – La memoro pri la masakro* Kang Tŏk-sang supozas, ke oni nuligis la koreojn, kiuj tro profunde sciis fuŝojn fare de la armeo kaj de la polico.

Povas esti. Tamen, ankaŭ supozeblas alie, ke ili estis hazarde elektitaj pro multe pli malgrava kaj nekomprenebla kialo. Ĉiuokaze, la 16 koreoj estis senditaj sub la preteksto de "ŝirmado", kaj sur la vojo ili estis buĉitaj pro iu kialo, al kiu ili ne rilatis, kvazaŭ pro ies kaprico.

Ĝis la tago, Masao vidis 51 koreojn, kiuj estis murditaj antaŭ liaj okuloj.

"Ili estis senkaŭze murditaj. La kvindek kelkajn homojn mi vidis antaŭ la okuloj."

Ĉi tankao[*2], kiun Masao faris en posta tempo.

Du tagojn poste, li revidis sian fraton. Estis feliĉe, ke ĉiuj familianoj senvunde rekuniĝis. Sed la familio jam perdis la tutan propraĵon. Masao foriris de siaj gepatroj, kaj fariĝis disĉiplo de ĉarpentisto. Li komencis sian karieron kiel ĉarpentisto.

[*1] asimilado = aneksi aŭ sorbi alian nacion
[*2] Tankao estas unu stilo de japanaj fiksformaj poemoj. Ĉi tie la tradukinto tradukis la tankaon kiel prozon.

Ĵaŭde, la 6a de septembro 1923
En la filio de la policejo en Yorii (Urbeto Yorii, Gubernio Saitama)

LA MORTO DE NAJBARO

Post la tertremego, en la urbeto Yorii, Ôsato-gun, en la gubernio Saitama, proksime al la urbo Titibu, kuracistoj pretigis provizoran kuracejon apud la stacidomo, kaj tie ili deĵoris por savi rifuĝintojn el Tokio. En la 5a de septembro, unu el la kuracistoj, ARAI Yû, disdonis manĝaĵojn kaj vokis: "Anoncu vin, se vi fartas malbone."

D-ro Arai proponis manĝaĵon ankaŭ al unu junulo, kiu hazarde venis antaŭ la stacidomo. La junulo avide manĝis la proponitan Inari-suŝion[*1]. D-ro Simizu, kiu laboris kune kun d-ro Arai, demandis la junulon: "Kiel vi vivos de nun?" La junulo respondis: "Mi havas dek enojn. Mi ne povas antaŭvidi, kio okazos al mi, post kiam la sumo elĉerpiĝos."

Tio ĉi estas liaj lastaj vortoj, kiuj restas hodiaŭ. Lia nomo estas Gu Hagyeong. Li estis 28-jara junulo, kiu vendis bombonojn surstrate en la urbeto Yorii.

Tiutempe, ĉie en Japanujo troviĝis, tiel nomataj, vendiistoj de koreaj bombonoj. Ili portis vekton[*2] sur sia ŝultro, pendigis grandan skatolon ĉe ambaŭ pintoj de la vekto, kaj paŝadis sur la stratoj kun alvokoj en unika tono: "Koreea karooto, karoota bomboono, aĉeetu koreean bomboonon!" Tiel ili vendis al geknaboj la bombonojn, kiujn oni faris el koreaj karotoj. Iufoje ili ankaŭ montris prezentaĵon. Okazis ankaŭ, ke korea laboristo, perdinta sian laboron pro finiĝo de la konstruado, fariĝis vendisto de bombonoj, supozeble, ĉar la komerco preskaŭ ne bezonis kapitalon.

Gu Hagyeong aperis en Yorii, du jarojn antaŭe. Ne estas konate, kie kaj kiel li vivis ĝis tiam. Eble, ankaŭ li laboris en konstruado same kiel multaj aliaj. En la tempo de la Granda Tertremo, li loĝis sola en malmultekosta gastejo apud Syôzyuin, la templo de la budhisma sekto Zyôdo-syû, kiu situas en la sudo de la stacidomo Yorii. Lia korpo estis malgranda kaj maldika. Kaj oni diras, ke li estis milda kaj simpatia junulo. Ĉiuj en la urbeto Yorii konis lin, kiu laŭte reklamante paŝadis sur la strato.

La sumo de dek enoj, kiun Gu posedis, valoras kelkdek mil enojn en la nuna valuto. Tiu ĉi sumo devis esti ne malgranda por la malriĉa vendisto de bombonoj. Li tamen respondis al la doktoro: "Mi ne povas supozi, kio okazos al mi.", ĉar, supozeble, post la tertremego li timis daŭrigi la laboron surstrate. Ankaŭ la demando de d-ro Simizu: "Kiel vi vivos de nun?" certe inkluzivis tiujn ĉi cirkonstancojn.

La stratoj en Yorii daŭre restis pacaj ankoraŭ post la tertremego. Pro la onidiroj, kiujn rifuĝintoj el Tokio alportis al la urbeto, kaj pro la anonco de la gubernia aŭtoritatularo, ke oni organizu Memdefendan Grupon, la Civila Fajrobrigado provizore ŝanĝis sian nomon al la Memdefenda Grupo, sed la membroj faris nenion krom sidi apud la ponto, kaj neniu intencis atenci la junulon Gu.

Tamen, li sentis timon. Eventuale, jam atingis liajn orelojn la novaĵo pri la afero en Kumagaya, ke dekoj da koreoj estis senkaŭze buĉitaj en la antaŭa tago. Post kiam li manĝis la suŝion, li mem decidis viziti la filion de la policejo en Yorii por peti de ĝi "protekton". Tamen, verŝajne li ne sentis, ke la danĝero minacas lin de tre proksime. Li diris kun rideto, ke li preferas labori ol fari nenion. Kaj li pasigis tempon per sarkado de herbaĉoj ĉirkaŭ la domo de la policejo.

Kontraste al Yorii, la najbaran vilaĝon Yôdo (la nuna urbeto Yorii) regis streĉa atmosfero. La vilaĝanoj estis plenaj de streĉo kaj ekscito por pretigi sin alfronti la atakon de "ribelemaj koreoj", ĉar ili estis infektitaj de la "ekscita kulmino" pro la kruelaĵoj, kiuj okazis en Kumagaya k.a. en la antaŭa tago.

La komenco de afero estis, ke en la tago iu kaptis suspektitan viron. La Memdefenda Grupo kondukis lin al la vilaĝdomo. Pro la ekscito, ke oni

*1 Speco de suŝio. Vinagrita rizo kovrita de sakforma kaj dolĉe fritita tohuo.

*2 vekto = stango aŭ trabeto por porti ujojn po unu ĉe ambaŭ pintoj

kaptis veran "ribeleman koreon", antaŭ la vilaĝdomo kolektiĝis pli ol 100 vilaĝanoj, tamen, la rezulto de la esploro montris, ke la viro estas inspektoro de la policejo Honzyô.

Antaŭ la ŝrumpintaj homoj, unu viro aperis sur la taluso apud la vilaĝdomo kaj agitis: "En la pensiono de Yorii loĝas vera koreo. Ni mortigu la koreon!" La kolektiĝintaj homoj, kiuj trovis sian novan viktimon, tuj reagis al la alvoko: ili prenis japanan glavon, hokstangon aŭ bastonegon, kaj ekkuris sur la nokta vojo al la urbeto Yorii. Survoje, al la homamaso aldoniĝis homoj el aliaj vilaĝoj, kaj pro tio la homamaso pli kaj pli grandiĝis.

Gu Hagyeong jam forlasis la pensionon, kaj estis ŝirmata en la filio de la policejo en Yorii. Eksciinte tion, la homamaso inunde venis al la filio de la policejo en Yorii. Kontraŭ la homoj furioze kriantaj, ke liveru al ili la koreon, la policestro HOSI Ryûzô, kune kun siaj policanoj, strebis persvadi ilin antaŭ la enirpordo. Tiam venis ankaŭ la leŭtenanto SAKAI Takezirô, potenculo en Yorii, de la Rezervsoldata Societo. Li persvadis ilin, ke la koreo en la policejo estas honesta vendisto de bombonoj. Sed la ekscititaj homoj ne havis orelojn por aŭskulti. La homamaso minacis kaj forŝovis la policestron kaj aliajn per bambuaj lancoj, kaj sturmis en la domon de la policejo.

La ĉefstrato de la urbeto Yorii.

Ĉapitro 2 Septembro 1923, Koŝmaro etendiĝanta al la ĉirkaŭaj regionoj

Gu Hagyeong fuĝis en karceron. La viroj pikis lin tra la krado per japanaj gravoj aŭ bambuaj lancoj. Gu plorkriis, kaj kuris tien kaj reen en la karcero. Fine li sangis kaj falis. La viroj trenis lian korpon ekster la pordon de la domo. Gu ricevis tie plian perforton fare de la homamaso, kiu sangavide atendis lin antaŭ la pordo. Li perdis la vivon.¹ La afero okazis en la malfrua nokto de la 6a de septembro, inter la 2a kaj la 3a atm. La homoj lasis mortintan Gu tie, kaj reiris sur la vojo al sia vilaĝo.

En la sekva tago de la afero, d-ro Arai vizitis la policejon. Tie kuŝis la kadavro de Gu kovrita per pajla mato. Li ekzamenis ĝin, kaj trovis vundojn je sume 62 lokoj sur la kadavro. D-ro Arai asertis: "Estis teruraj vundoj. Ŝajnis, ke la murdintoj vundis lin iom post iom por turmenti lin dum longa tempo."

En la oktobro, 12 membroj de la Memdefenda Grupo en la vilaĝo Yôdo estis arestitaj kaj akuzitaj. Unu el la akuzitoj ekskuzis en la juĝejo jene: "Ĉar li estis en karcero, mi supozis, ke la koreo faris krimon, kaj batis lin."

Tiu, kiu akceptis la kadavron de Gu, estis masaĝisto nomata MIYAZAWA Kikuzirô. La tombo de Gu restas en la templo Syôzyuin.

Sur la fronto de la tombo gravurita estas la postmorta nomo*³ de Gu: "Kantensyûu sinzi". La teksto sur la dekstra flanko: "En la 6a de septembro en la jaro Taisyô 12 (la jaro 1923), forpasis Gu Hagyeong el la vilaĝo Sanjeong-ri, urbeto Sang-myeon, distrikto Ulsan (nuna distrikto Ulju, urbego Ulsan), provinco Suda Gyeongsang, Koreujo, en la aĝo de 28"; kaj la teksto sur la maldekstra flanko: "Funebrintoj, Miyazawa Kikuzirô kaj volontuloj". Laŭ Yamagisi Sigeru, esploranto loĝanta en Kumagaya, malofta estas tia viktimo de la masakro, kies nomo kaj naskiĝloko estis identigitaj, kaj kiu eĉ havas sian postmortan nomon. Yamagisi skribis, ke "tio pruvas, ke tiel intima ĉiutaga

---

1 Iu atestis ke li vidis, ke Gu skribis vortojn per sia sango sur iu afiŝo hazarde matita: "puno, japano, senkulpa". Supozeblas, ke li esprimis protestcon per la vortoj, ke "la japanoj punis senkulpulon". (*La Masakro kontraŭ Koreoj en la erao Taisyô*)

---

*3 Budhisma nomo por la postmorta mondo. La nomo estas donita ĝenerale de bonzo. Sed ankaŭ ordinara homo rajtas nomi.

La tombo de Gu Hagyeong (la templo Syôzyuin, la urbeto Yorii). Oni povas legi la literojn sur la fronto: "Kantensyûu sinzi", kaj je la dekstra flanko: "Gu Hagyeong".

rilato estis establita inter Gu Hagyeong kaj la lokaj loĝantoj." Por la vilaĝanoj en Yorii, la morto de Gu Hagyeong estis morto de ilia najbaro, kiu havis siajn proprajn nomon kaj personecon.

En la 6a de septembro, kiam nokte okazis la kruelaĵo en la filio de la policejo en Yorii, la Sieĝostata Komandejo publikigis "atentigon" en forta tono, ke "nepre ne faru kontraŭleĝan agon al koreoj sendepende, ĉu ilia karaktero estas bona aŭ malbona." kaj "evitu mem fariĝi krimulo per la perforto kontraŭ koreoj". Plie, en diversaj lokoj la aŭtoritatularo disdonis cent milon da flugfolioj, kiuj diris: "Se vi disvastigos falsan onidiron, vi ricevos punon." Tiel la konduto de la registaro kaj la armeo kontraŭ la onidiro pri ribelo de koreoj klare fariĝis negativa.

Finfine, la kaoso pro la onidiro kaj masakro kontraŭ koreoj, kiu daŭris ekde la unua de septembro, fariĝis kvieta pli kaj pli. Tamen, incidentoj de la kruelaĵoj daŭris ankoraŭ kelkan tempon.

Septembro 1923
En la areo Kôenzi (Kvartalo Suginami, Tokio)

Avo Duonluno en Kôenzi

Yun Keugyeong (el Seulo) estis 21-jara, kiam okazis la Granda Tertremo. [...] En la jaro 1921 li venis al Japanujo por studi en la muzika lernejo Tôyô, kaj loĝis en la areo Kôenzi kune kun samnaciaj studentoj.

Post la tertremego, pro scivolemo pri la stato de la urbocentro, li iris al la areo Ginza, kaj tranokte paŝadis. En la 2a de septembro, kiam ie li staris en vico por ricevi distribuatan rizbulon, li vidis, ke oni eltiris kaj batis korean laboriston. La koreo estis pridemandita, sed ne povis respondi en la japana. Yun vidis tian scenon kelkfoje. Revenvoje li vidis afiŝojn, kiuj diras ke "koreoj venenas putojn por mortigi japanojn," "koreoj faras ian ajn krimon. Forpelu koreojn!" ktp., kaj tiaj ĉi afiŝoj multiĝis kun la paso de tempo. En kelkaj lokoj, ankaŭ Yun estis pridemandita, sed li povis eviti malagrablaĵon pro sia flua japana lingvo kaj la atmosfero tre simila al tiu de japanaj studentoj.

Post reveno al la loĝejo, pro la daŭraj postskuoj de la tertremego, li bivakis en bambuaro kune kun 17 najbaraj koreaj studentoj dum kelkaj tagoj. En la areo Nakano troviĝis la unua telegrafia regimento. Sep aŭ ok soldatoj el la regimento senanonce venis al ili, kaj pridemandis: "Ŝajne vi estas koreoj. Ĉu vi iam venenis putojn?" "Ni ne faris tian aferon," la studentoj respondis. Sed la soldatoj juĝis la vortojn mensogaj, kaj batis du aŭ tri el ili. Iliaj pensionoj estis traserĉitaj. Havi libron verkitan de Arisima Takeo estis kutima afero por tiutempaj studentoj. Tamen, ĉar la titolo de la verko *Senbedaŭre amo rabas* estis ruĝkolore presita, la soldatoj konsideris ilin "membroj de komunista partio", kaj per minaco de bajoneto kondukis ĉiujn al la regimento. Tie du aŭ tri tagojn oni detenis kaj ekzamenis la studentojn sub la preteksto de "ŝirmado".

La poste liberigitaj studentoj tamen eksciis, ke la stratoj estis multe pli danĝeraj ol la detenejo de armeo.

El *La vento portu kanton de balzaminoj*

La supre citita atesto estas parto de la intervjuoj en Koreujo, kiujn faris *Societo por funebri post elfosado de ostoj de Koreoj masakritaj post la Granda Tertremo en Kantô* al tiuj, kiuj iam estis koreaj studentoj en Japanujo.

Tamen la atesto ankoraŭ daŭras. Post tiu ĉi afero, unu viro vizitis la studentojn por pardonpeti. La viro ekskuzis, ke li prenis juvelojn por ŝtonoj. La "ŝtonoj" signifas koreajn laboristojn. Poste, ankaŭ la armeo mem sendis mesaĝon al la studentoj por peti, ke ili ne miskomprenu. Koncize dirite, la armeo timis, ke okazos poste io maloportuna, se la armeo vundus koreajn studentojn, ĉar multaj el ili estis filoj de koreaj potenculoj.

"Multaj el la atestintoj diris: 'Murditaj estis laboristoj. Ĉar ni estis studentoj, ni povis postvivi.'" (El *La vento portu kanton de balzaminoj*) Krom la supre menciita, ankaŭ troviĝas alia kialo, ke koreaj laboristoj ne lernis la japanan lingvon en sistema maniero, kaj pro tio, "kiam ili renkontis pridemandadon aŭ ekzamenon, estis malfacile por ili kompreni kaj adekvate respondi". Kaj, ĉar la laboristoj migris de urbo al urbo laŭ la ŝanĝiĝo de laborlokoj, ilia rilato kun la lokaj japanoj estis tre limigita.

La plej granda parto de la koreoj, kiuj venis al Japanujo en la 20-aj jaroj en la lasta jarcento, estis laboristoj. Dume studentoj estis malmultaj. La areoj, en kiuj loĝis koreaj studentoj, situis en la okcidenta parto de Tokio; nome ili loĝis en la nunaj kvartaloj Suginami, Tosima, Sinzyuku, Bunkyô ktp. Tie la damaĝo pro la tertremego estis relative malgranda.

Hodiaŭ la areo Kôenzi estas tre populara por japanaj junuloj, kiel "Mekko" de la loka kulturo floranta laŭ la fervoja linio Tyûô. La areo estas populara ankaŭ por junuloj ekster Japanujo. Mia amiko en Koreujo estas unu el la adorantoj. En tiu septembro, tamen ankaŭ la stratoj de tiu ĉi areo estis tiel "danĝeraj" por koreoj, ke ili sentis riskon de sia vivo. Ne estis registrite, ke oni murdis iun. Sed mi ne povas aserti, ke efektive neniu estis murdita. Parenteze, la unua telegrafia regimento, kien Yun Keugyeong kaj la aliaj studentoj estis kondukitaj, situis sur la loko, kiu nun estas nomata "Nakano Siki no mati"[*1] (la loko de la iama polica lernejo) en la norda flanko de la stacidomo Nakano.

Poste, Yun Keugyeong komponis pli ol 600 muzikaĵojn, ĉefe infankantojn. Li fariĝis nacia komponisto fame konata en Koreujo, kaj vivis ĝis la jaro 1988. La korea popolo karesnomis lin Avo Duonluno (*Ban-dal-hal-abeoji*) laŭ la titolo de lia ĉefverko "Duonluno" (*Ban-dal*), kaj estimas lin ankoraŭ nun. Laŭ la amaskomunikilo en Koreujo, lia domo en Seulo, en kiu li pasigis la lastajn jarojn, fariĝos muzeo nomata "La domo de Avo Duonluno", kaj malfermiĝos al la publiko en la jaro 2014.[*2]

[*1] La renovigita areo en Nakano, kiu inkluzivas konstruaĵojn por oficejoj, universitatojn, malsanulejon, lernejon, parkon ktp.

[*2] "La domo de Avo Duonluno" (반달할아버지집) en Seulo estas malfermita al la publiko kiel muzeo kaj kultura heredaĵo.

Ĉirkaŭ la dimanĉo de la 9a de septembro 1923
En la ubro Ikebukuro (Kvartalo Tosima, Tokio)

JEN IRAS KOREO!

En la mateno de la 2a de septembro, kiam Yi ekiris el la pensiono (kiu situis en la vilaĝo Nagasaki; la nunaj areoj Senkawa, Takamatu, Tihaya, Nagasaki-mati en la kvartalo Tosima), li estis haltigita fare de la najbaro: "S-ro Yi, ne iru eksteren, ĉar iuj ekstermas koreojn dirante, ke koreoj venenas putojn aŭ incendias domojn." Yi respondis: "Tia kulpa homo meritas esti murdita. Mi ne faras tian krimon." Sed estis granda eraro, ke li ne akceptis la konsilon.

Trapasinte la areon Zôsigaya, Yi demandis rifuĝintojn pri la vojo. "Jen koreo!" Kun krio ili batis lin. Hazarde sur la papero de korea ĵurnalo Toa Nippô, per kiu li kovris ŝuojn por konstrua laboro, troviĝis ĉina ideogramo, kies signifo estis "pafilo". Iu artikolo sur la ĵurnalo temis pri ĉasado de cervo. Kelkaj junuloj el la rifuĝintoj akre demandis lin pri la ideogramo, kaj kondukis lin al la policejo Ôtuka.

"Eĉ en la policejo, neniu aŭskultis mian eksplikon. Ĉiuj nur ripetis minacajn vortojn al mi, ke ili mortigos min morgaŭ, aŭ hodiaŭ. Mi tamen devis konsideri la minacon serioza, ĉar ili portis en la policejon iun viron, kiu jam estis preskaŭ morta. Ha, ankaŭ mi estos murdita, mi pensis. Ĉar mi ricevis tro da batoj, nuntempe (en la jaro 1989) mi ne povas eĉ supreniri ŝtuparon pro la doloro ĉe la lumbo." (El rakonto fare de Yi)

Sep aŭ naŭ tagojn poste, policano diris al li: "Via domo ankoraŭ restas. Reiru hejmen, se vi volas." Yi sentis maltrankvilon, sed la policano asertis, ke li estas sekura, kaj liberigis lin el la policejo vespere ĉirkaŭ la 6a ptm. Kiam Yi venis al la areo Ikebukuro, li perdis la vojon. Li pensis, se li demandos maturaĝajn homojn, eble li renkontos teruran aferon. Li provis demandi knabinon. Ŝi montris la vojon, sed kriis post lia dorso: "Jen iras koreo!" Junuloj alkuris lin, sed li povis nenion fari krom rapide paŝi for. "Iras koreo!" La krio laŭte sonis al lia orelo.[...]

Li fuĝis en stratan policejon, kiam li trovis ĝin, kaj petis ŝirmon al la policano. Ankaŭ en la policejo, junuloj pugnis kaj piedbatis Yi. Policano mem batis lin. Kiam la homoj trovis medikamenton por malvarmumo, kiun li ricevis en la policejo Ôtuka, ili suspektis, ke ĝi estas veneno. Kiam Yi englutis ĝin, ili konvinkiĝis kaj lasis lin libera. Yi revenis al sia vilaĝo. Tie najbaraj junulinoj varme akceptis lin. "Feliĉe, ke vi sekure revenis," la junulinoj preparis banon kaj pretigis vespermanĝon por li.

El *La vento portu kanton de balzaminoj*

Tio ĉi estas la travivaĵo de Yi Seonggu, kiu tiutempe estis studento en la fizika universitato en Tokio (nuna Tokia Universitato por Scienco). Post kiam li fariĝis instruisto en Koreujo, lia korpo rigidiĝis ĉiam, kiam li aŭdis paŝsonon de studentoj kurantaj al lia dorso.

Same kiel en la antaŭa artikolo, tiu ĉi atesto estas citita el la intervuoj en Koreujo fare de *Societo por funebri post elfosado de ostoj de Koreoj masakritaj post la Granda Tertremo en Kantô,* registrita en la libro *La vento portu kanton de balzaminoj*. Troviĝas aliaj rakontoj en la intervjuoj registritaj en la libro. Mi prezentu unu el ili.

Kiam Na Sanyun venis al Japanujo por sekvi sian fianĉon (la pentriston Do Sangbong), ŝi estis 20-jara. Ŝi loĝis en luksa pensiono, kiu nomiĝis Eirakukan. La mastro de la pensiono kaŝis ŝin en la plej malantaŭa ĉambro. Kiam membroj de la Junulara Asocio venis por kontroli la nomliston de la loĝantoj, la mastro rifuzis kaj forpelis ilin. Kvankam ŝi ne havis konatojn ĉirkaŭ la pensiono, la najbaraj japanaj sinjorinoj aĉetis ladmanĝaĵojn por ŝi, dirante: "Ĉar iri eksteren estas riske por vi." [...]

Kiam ŝi rigardis eksteren tra la fenestro, ŝi aŭdis voĉojn de junuloj, kiuj paŝis sur la vojo antaŭ la pensiono portante pilgriman bastonon aŭ ion similan. Unu el ili diris, ke iu korea gravedulino kriis: "Abeoji, abeoji (Patro, en la korea lingvo)", kiam li pikis ŝian ventron. "Kion signifas Abeoji?" Kun rido li demandis.

El *La vento portu kanton de balzaminoj*

Septembro 1923
Ĉe la ponto Kihei-basi (Urbo Kodaira, Tokio)

En profundo de la arbaro en Musasino

Post tertremo ĉiam sekvas fajro. Kompreneble, ankaŭ post la Granda Tertremo en Kantô, okazis fajro. La tuta Tokio fariĝis maro de fajro tiel intensa, ke en la nokto de la unua de septembro, mi povis vidi en la vilaĝo Kodaira, ke la orienta ĉielo aspektas ruĝa kaj la fajro flamiĝas alten. En tiu tempo, plejparte de la domoj en Tokio estis lignaj kaj unuetaĝaj, nome facile bruligeblaj. Pro tio, la maro de fajro tuj okupis la tuton de Tokio. Eĉ en la sekva tago, la 2a de septembro, la orienta ĉielo ankoraŭ aspektis ruĝa kvazaŭ vespera krepusko.

Mi ne scias, kie kaj kiu faris la onidirojn, sed tiutempe cirkulis la teruraj falsaj onidiroj, ke "akvo fariĝis netrinkebla, ĉar alinacianoj ĵetis venenon en riveron.", "tiuj, kiuj incendiis en Tokio, estas homoj el ekster Japanujo." ktp. La nekredeblaj onidiroj kaŭzis grandan tumulton. La tumulto fine vekis grandan panikon pro la onidiro, ke la friponoj baldaŭ inunde venos al Kodaira. La loĝantoj interkonsiliĝis kaj decidis alvoki al ĉiuj plenkreskuloj en la kvartalo Megurita-Sinden urĝan kolektiĝon, por ke ili nepre haltigu la invadon. Ĉiu prenis bambuan lancon, falĉilon aŭ plugileton, kaj kolektiĝis ĉe la ponto Akaneya-basi. La loĝantoj el San'ya kaj Nonaka gardis la ponton Kihei-basi, kaj la loĝantoj el Kamisuzuki la ponton Kyûemon-basi. Ili daŭre gardis ne nur en la koncerna tago, sed ankaŭ en postaj tagoj.

Ankoraŭ ne estas konate, ĉu iuj viktimiĝis, kaj se jes, kiom da viktimoj oni havis pro tiu ĉi afero.

KÔYAMA Kinsaku *Malnova rakontaro pri hejmloko, n-ro 1*

Ĉapitro 2 Septembro 1923, Koŝmaro etendiĝanta al la ĉirkaŭaj regionoj

La pontoj Kihei-basi, Akaneya-basi kaj Kyûemon-basi kuŝas super la kanalo Tamagawa-Zyôsui. La kanalo fluas laŭ la ŝoseo Itukaiti-kaidô en la urbo Kodaira. La pontoj situas malpli ol du kilometrojn norde de la stacidomo Kokubunzi de la fervoja linio Tyûô.

Tiutempe, la areo nomiĝis vilaĝo Kodaira, Kita-tama-gun, Tôkyô-hu. En la komenco de la erao Syôwa (1926–1989), oni konstruis la urbon kaj la fervojan linion Seibu. Sed en tiu tempo, la areo ankoraŭ estis kampara vilaĝo, kiu havis ĉ. 6000 loĝantojn.

Organiziĝis Memdefenda Grupo eĉ en la vilaĝo Kodaira, kiu situis en profunda arbaro, kaj estis longe for de la tumulto okazanta en la centra parto de la ĉefurbo. Laŭ la raportoj poste faritaj de la policoj en Hutyû, Hatiôzi kaj Oume, ankaŭ en la areoj la loĝantoj forkuris al arbaro pro timo pri atako fare de koreoj. Ili organizis la Memdefendan Grupon kaj armis sin, kaj patrolis tien kaj reen instigite de la onidiroj, ke "koreoj atakos la vilaĝan policejon en Kitizyôzi.", "koreoj kaj socialistoj amase venos al Hatiôzi." ktp.

Multaj homoj pensas, ke la masakro post la Granda Tertremo okazis nur en limigita orienta parto de Tokio. Sed efektive, ankaŭ en la okcidenta

La ponto Kihei-basi en la urbo Kodaira

parto de Tokio (tiamaj provincoj) organiziĝis Memdefenda Grupo kaj okazis persekutado kontraŭ koreoj. Registritaj murdoj en la okcidenta parto estis fakte malmultaj, sed tio verŝajne rezultis el la situacio, ke tiam la nombro de la loĝantoj estis tre malgranda. Tre povas esti, ke efektive okazis neregistritaj murdoj.

Laŭ la esploro de speciala raportisto de la ĵurnalo Dongnip Shinmun (Sendependa Ĵurnalo), la nombro de murditoj estis unu en Nakano, tri en Setagaya kaj du en Hutyû. Dume, laŭ la dokumentaro pri akuzitaj aferoj kompilita de la Ministerio pri Justico kaj aliaj, la nombro de murditoj en la okcidenta parto de Tokio estis unu en Setagaya kaj Taisidô, kaj unu en Titose-Karasuyama. La nombro de mortigitoj, kiujn oni murdis mispreninte por koreoj, estis tri en Sinagawa, unu en Yotuya kaj unu en Hirô (laŭ la nunaj geografiaj nomoj).

Mi citu kelkajn el la raportoj faritaj de la lokaj policejoj, kiuj respondecas pri la kvartaloj en okcidenta parto de Tokio. Ĉar la policanoj taksas sin mem en la raportoj, ili priskribis sin kiel objektivajn kaj aplombajn heroojn, kiuj penis haltigi murdon kaj perforton. La fakto tamen ne ĉiam estis tia, kiel mi jam montris.

La policejo Yodobasi (nuna policejo Sinzyuku)

Venis al ni informo, ke "troviĝas kvar koreoj, kiuj incendiis en Waseda, kaj du el ili forkuris de Toyamagahara en la direkto al Ôkubo." Ni sendis kvin policanojn al la direkto por patrolo kaj esplorado, sed baldaŭ multe cirkulis similaj onidiroj, ke "koreoj aŭ incendiis, aŭ ĵetis bombon, aŭ disŝutis venenon". Ĉie okazis persekutado kontraŭ koreoj, kaj ne malmultaj estis tiuj, kiuj kondukis koreon al la policejo.

La policejo Nakano

Ni klopodis por trankviligi la popolanojn per anonco, ke la informo pri la ribelo de koreoj estas nur falsa onidiro. La popolanoj obstine ne kredis la anoncon. La situacio multe pli malboniĝis.

La policejo Sibuya

La popolanoj obstine kredis informojn pri perfortoj fare de koreoj. Kaj finfine okazis kruelaĵo, ke la popolanoj prenis honestan popolanon por koreo, kaj pafmortigis tiun ĉirkaŭ la areo Setagaya. Pli kaj pli la tumulto intensiĝis, kaj la onidiroj vaste disvastiĝis. En la 3a de septembro, iu informis nin, ke "koreoj ĵetis venenon en puton," kaj iu alia akuzis koreon pro tio, ke "la koreo ĵetis venenon en puton ie en Nakasibuya". Sed nia ekzameno pruvis, ke tio ne estas fakto. La agado fare de la Memdefenda Grupo fariĝis multe pli intensa. Ĝiaj membroj kun armiloj vagis surstrate, kaj persekutis suspektitojn, tuj kiam ili trovis tiujn. Iliaj sovaĝaj agoj ne estis malmultaj.

(La supre menciita murda afero en Setagaya estis jene registrita en la tabelo de la raporto fare de la Ministerio pri Justico. Dato: La 2a de septembro, je la 5a ptm. Loko: La strato ĉirkaŭ Taisidô 425, Setagaya, la gubernio Tokio. Krimulo: KOBAYASI Ryûzô. Viktimo: Koreo (la nomo estas nekonata). Krimo: Murdo. Detalo: Murdo per pafo de ĉaspafilo al la kapo de la viktimo.)

La policejo Setagaya

En la 2a de septembro, je la 8a ptm, la nombro de tiuj, kiuj perforte kondukis koreojn al nia policejo, jam atingis 120. [...] En la 4a, venis al ni informo, ke koreo incendiis en la areo Sangenzyaya. Ni tuj esploris la aferon, sed la krimulo estis ne koreo, sed iu servisto. Li incendiis la provizejon de sia mastro.

La policejo Itabasi

Por eviti danĝeron, ni rekomendis al koreoj resti hejme. Sed la popolanoj ekscitiĝis pli kaj pli, kaj atakis la domojn de koreoj. Tial ni provizore arestis koreojn por ŝirmi. En la tago ni akceptis dek kelkaj koreojn en la policejon.

La policejo Azabu-Roppongi

Tiel akceliĝis organiziĝo de Memdefendaj Grupoj. Pro tio, unu pasanto misprenita kiel koreo estis murdita fare de la homamaso en la areo Kasumi-tyô.

La policejo Akasaka-Aoyama

En la 4a de septembro, je la 11a kaj 30 minutoj ptm, ĉirkaŭ la vojo en Aoyama-Minami-tyô 5, sonis fajfoj el kelkaj lokoj, kaj sekvis multaj pafsonoj. La bruon oni miskomprenis kiel atakon de koreoj, kaj pro tio okazis tumulto dum iom da tempo. La fakto malkovrita per nia esploro estas tio, ke patrolantoj pafis blankan kartoĉon al la ombro de arbo en la tereno de la apuda domego, miskomprenintaj la ombron pro lunlumo kiel koreon.

La policejo Yotuya

Ĉie okazis persekutado kontraŭ koreoj.

La policejo Usigome-Waseda

En la areoj Waseda, Yamabuki-tyô kaj Turumaki-tyô, multaj homoj fuĝis pro teruro portante sian propraĵon. Kune kun la policanoj la policestro mem venis al la areoj, kaj klopodis por trankviligi la popolanojn. Li anoncis: "La polico kontrolis la koreon, kiu estis kondukita al la policejo sub la suspekto ke li portas bombon, kaj evidentiĝis hodiaŭ ke la aĵoj portataj de la koncerna koreo estas nur ladmanĝaĵoj. Suspektinda estas neniu el la aliaj koreoj. La informo pri la incendio fontas el falsa onidiro." [1]

---

[1] Ĉiu raporto estas prenita el *Dokumentaro de la Moderna Histrio, volumo 6*

Merkrede, la 12a de septembro 1923, antaŭ la tagiĝo
Ĉe la ponto Sakasai-basi (Kvartalo Kôtô, Tokio)

Wan Xitian, senspura dum 70 jaroj

> La bateriestro kaj liaj soldatoj petis Wan Xitian, ke li venu kun ili por trankviligi siajn tumultantajn samnacianojn. Kiam ili preskaŭ atingis la fervojan ponton Sakasai-basi, la leŭtenanto Kakiuti haltigis ilin, kaj proponis paŭzon. La leŭtenanto abrupte hakis la dorson de Wan Xitian ĝis la ŝultro. Kaj (la soldatoj) distranĉis liajn vizaĝon, brakojn kaj krurojn; bruligis la vestojn; ŝtelprenis lian fontoplumon kaj monon, sume dek enojn kaj sepdek senojn.[...]
>
> La supra afero estas kontraŭleĝa. Sed ĉar li ne estas japano, li ne estas gardata de la japana leĝo. Mi silentas por eviti diplomatian malavantaĝon de Japanujo.
>
> Kubono Sigezi[1]

Tio ĉi estas parto de la noto en la 19a de oktobro 1923, skribita en la taglibro de Kubono Sigezi, unuaranga soldato el la 6a baterio de la unua regimento de la 3a brigado de artilerio.

La ponto Sakasai-basi kuŝas super la rivero Eksa Nakagawa. La ponto ankoraŭ kuŝas samloke. Ĝi distancas norden je dek minutoj da piediro de la stacidomo Higasi-Ôzima de la metroa linio Toei-Sinzyuku. En la tempo de la Granda Tertremo, ĝi estis ligna ponto.

Apud tiu ĉi ponto Sakasai-basi, antaŭ la tagiĝo de la 12a de septembro,

1. *La vero de historio – La Granda Tertremo en Kantô kaj la masakro kontraŭ koreoj*

Wan Xitian estis murdita fare de la leŭtenanto (kolonelo, ĉe la fino de la milito) KAKIUTI Yasuo, la adjutanto sub la batalionestro Nakazima el la unua regimento. La ordonon de la murdo faris la terarmea kapitano SASAKI Hêkiti, la estro de la 6a baterio de la sama regimento. Kaj la murdo estis farita sub implica konsento de la brigadestro KANEKO Naosi. La kadavro de Wan estis forĵetita en la riveron Nakagawa.

Wan Xitian estis 27-jara ĉina studento. En la 5a de aŭgusto 1896, li naskiĝis kiel filo de riĉa komercisto, kiu traktis ledaĵojn, en la urbo Chángchūn de la provinco Gilino, la nordorienta regiono de Ĉinujo. En 1915, la jaro de la "21 postuloj de Japanujo al Ĉinujo"[*1], li, tiam 18-jara, sola venis al Japanujo kiel studento. Ekde kiam li estis lernanto de la Unua Altlernejo en Japanujo, li partoprenis en la Studenta Movado kaj agadis en Japanujo kaj en Ĉinujo. En lia amikaro troviĝis Zhou Enlai (1898–1976), kiu poste fariĝis ĉina prezidento; YAMAMURO Gunpei (1972–1940) de la Savarmeo; kaj KAGAWA Toyohiko (1888–1960), pastoro kaj socia aktivulo.

Wan vastigis sian intereson pli kaj pli de la Studenta Movado al la kondiĉaro de ĉinaj laboristoj en Japanujo, kiuj estis metitaj sur malfortan pozicion. En septembro 1922, la antaŭa jaro de la Granda Tertremo, li fondis la Mutualan Asocion por Ĉinoj en Japanujo, kiu celis subteni ĉinajn laboristojn, en la loko Ôzima-mati 3.

Kiel mi jam klarigis en la artikolo "Kial oni murdis ĉinojn", en Ôzima amase loĝis ĉinaj manlaboristoj. La Mutuala Asocio por Ĉinoj en Japanujo malfermis kuracejon por ili, okazigis vesperan lernejon, kaj proponis plibonigi la vivmedion al ili, ĉar multaj el ili estis toksitaj per opio, kaj dronantaj en vetludo. La laboristoj elkore konfidis Wan, kaj ili neniam plendis, eĉ kiam li forĵetis iliajn vetludilojn.

Sur la fono de la progresanta solidareco, li protestis kontraŭ japanaj makleristoj de laborforto pri ilia neadekvata sumo de laborpago al ĉinaj laboristoj, kaj komencis trakti la aferon kun ili por igi ilin akurate pagi monon. La agado de Wan ne estis limigita en Tokio, sed disvolviĝis tra la lando.

La personeco de Wan estis malsama ol tiel nomata konvinkita batalanto.

Ĉapitro 2 Septembro 1923, Koŝmaro etendiĝanta al la ĉirkaŭaj regionoj

Lia ideo estis milda, kaj la karaktero estis optimisma kaj gaja konvene al filo de riĉulo. Tamen la fako, en kiun la junulo rekte saltis, estis danĝera sfero, nome organizado de malaltrangaj laboristoj. En pli posta tempo, la 80-aj jaroj, Yamaoka Kyôiti (1940–1986), kiu gvidis la laboristan movadon de taglaboristoj en la taglaborista loĝ-areo San'ya, estis murdita fare de la perforta bando. En tia sfero, la avido de kapitalismo krude malkovras sian perfortecan figuron. Efektive, Wan Xitian estis intense malamata de makleristoj, kaj ankaŭ de detektivoj en la policejo Kameido, kiuj malamike rigardis la laboristan movadon. Wan iam estis eĉ minacita fare de makleristo per glaveto.

En la unua de septembro, Wan restis en la Ĉina Junulara Asocio (YMCA) en la areo Zinbô-tyô, kie loĝis studentoj el ekster Japanujo. Kaj poste dum kelkaj tagoj, li strebis savi la studentojn. En la mateno de la 9a de septembro, kiam li provizore finis la agadon, li bicikle ekiris al Ôzima por konfirmi la staton de la laboristoj, pri kiuj li longe zorgis, sub malstabila situacio post la tertremego. Jam pasis ses tagoj ekde la afero, ke kelkcent ĉinoj estis murditaj.

Ne estas klare, ĉu li trovis en Ôzima la fakton de la masakro, aŭ ne. Neniu scias la respondon, ĉar jam posttagmeze de la tago li estis kaptita de la armeo.

La armeo eksciis, ke la kaptita ĉino estas aktivulo estimata de laboristoj, kaj intencis igi lin kunlabori por la sendado de ĉinoj al la koncentrejo Narasino. La armeo devigis lin nokte resti en la policejo Kameido, kaj tage labori sub la armeo. Tio estis devigita afero, sed verŝajne Wan konvinkis sin, ke la sendado estas maljusta tamen unu sola rimedo por ŝirmi ĉinojn. Ekde tiam, dum kelkaj tagoj, li pozitive laboris por la sendado. Li metis la afiŝon skribitan en la ĉina sur la muron: "La armeo sendos vin al Narasino kun eskorto, sed vi ne bezonas timi."

[*1] Per la oficiala dokumento, kiu konsistis el 21 artikoloj, Japanujo postulis de Ĉinujo la rajton kaj profiton en la provincoj Ŝandongo k.a., en la 18a de januaro 1915.

Tiam tiu, kiu laboris por la sendado, estis la 6a baterio estrata de la terarmea kapitano Sasaki. Kaj la soldato, kiu laboris kune kun Wan kiel unu membro el la baterio, estis la unuaranga soldato Kubono, la skribinto de la supra noto. Al la 22-jara junulo, kiu amis literaturon kaj ne alkutimiĝis al la organizo de la armeo, ekplaĉis la intelekta kaj danda junulo, Wan, iom pliaĝa ol li.

"La belaspekta junulo ĉiam gracie surhavis papiliforman kravaton. Li gaje rakontis, ke li planas studi en Usono post plenumo de farendaĵoj. Ni, malkleraj soldatoj, nomis lin Ô Kiten-kun[*2] kun estimo. Mi bone memoras, ke ni ofte kune trinkis teon kaj babilis."

Tamen, iuj el la brigado forte insistis, ke ili devas tuj mortigi Wan. La fono estas malklara. Sed estas evidente, ke al la tri, la armeo, la makleristoj, kaj la policejo en Kameido, la mortigo de Wan donos meriton, ĉar la armeo volas kaŝi la masakron de ĉinoj okazintan en la 3a de septembro; la makleristoj volas forigi la gvidanton de ĉinaj laboristoj. Se la polico liberigos Wan, li certe priflaros en Ôzima aferojn maloportunajn por la tri.

Laŭ la raporto, kiun la armeo prezentis al la registaro, la terarmea kapitano Sasaki, kiu direktis la murdon surloke, estis informita de "iu policano" de la policejo Kameido, ke li "devas atenti pri Wan Xitian, ĉar li estas granda gvidanto de ĉinoj, kiuj kontraŭstaras al Japanujo". Tahara Yô kaj Niki Humiko, kiuj esploris la aferon de Wan Xitian, ambaŭ konjektas, ke en la fono de la afero estis instigo al la armeo fare de la polico kaj la makleristoj.

Tiel, en la 12a de septembro, antaŭ la tagiĝo, Wan Xitian estis murdita. La kadavro estis forĵetita en la riveron Nakagawa. Kaj poste soldatoj el la 6a baterio rajdadis lian biciklon kiel "militakiraĵon". Tiutempe biciklo estis ankoraŭ multekosta.

Wan Xitian, kiu malaperis en la mateno de la 12a, fakte estis murdita. La unuaranga soldato Kubono tion eksciis el la diraĵo de soldato, kiu gardostaris en la loko de la murdo apud la ponto Sakasai-basi. Kubono sentis intensan koleron: "Murdintoj! Diablaj fiuloj!" Sed se li diros publike ion senatente, li certe ricevos punon pli severan ol enkarcerigon, ĉar la terarmea kapitano

Sasaki estis la estro de lia baterio. Efektive, en la novembro, du monatojn poste, la bateriestro emfazis en sia parolado, ke la soldatoj "neniam rakontu pri tio, ke soldatoj murdis multajn koreojn okaze de la Granda Tertremo".

"Ĉiuj komprenis, ke la bateriestro devigas la soldatojn silenti, ĉar li timegas pro tio, ke inter la ĉinoj de li murditaj troviĝas famuloj."[2]

Kubono nenion povis fari krom skribi en sia kajero ĉion, kion li aŭdis pri la afero. En la kajero li kutimis kaŝe noti ĉiutagajn aferojn en la soldatejo.

En Ĉinujo pli kaj pli intensiĝis riproĉo kontraŭ la masakro al ĉinaj laboristoj, kaj la suspekto pri la malapero de Wan. La esplorgrupo el la ĉina registaro venis al Japanujo, kaj la armeo preparis falsan scenaron. Ĝi diras, ke en la 12a de septembro, antaŭ la tagiĝo, la terarmea kapitano Sasaki, kiu kondukis Wan Xitian, liberigis lin per sia propra decido, kaj la armeo ne scias kio okazis poste al Wan.

"Kaj en la sekva tago, nome en la 12a de septembro, je la 3a atm, (la terarmea kapitano Sasaki) ricevis Wan Xitian de la policejo Kameido, kaj kondukis lin al la komandejo de la brigado, kiu havis sian sidejon en la kompanio Tôyô Muslino en la urbo Kameido. Survoje al la komandejo la kapitano ekzamenis Wan Xitian el diversaj vidpunktoj, kaj li eksciis, ke Wan estas homo kun alta edukiteco; ke li devenis de ĉina reputacia familio; ke li estas fame konata de la ĉinoj loĝantaj en Japanujo; kaj ke li ne estas suspektinda homo. La kapitano konkludis, ke estas pli bone ke li liberigos Wan, ol konduki lin al la komandejo de la brigado kaj rigore trakti. La kapitano diris al li: 'Ŝajnas al mi, ke vi ne emas iri al Narasino, kaj vi estas edukita, mi liberigos vin sub mia respondeco. Sed vi estu tre atenta pri via denuna konduto.' Wan tre ĝojis. En la sama tago, ĉirkaŭ la 4a kaj duono atm, la kapitano liberigis lin apud la fervojaj reloj, kiuj troviĝas ĉirkaŭ mil metrojn nordokcidente de la supre menciita kompanio. Wan foriris en la orienta direkto al la areo

---

2   La kajero de Kubono en la 28a de novembro 1923, el *La vero de historio*

*2 "Wan Xitian" en japana legmaniero. *Kun* estas estimtitolo simila al "s-ro".

Komatugawa-mati."³

Ankaŭ la japana registaro oficiale decidis kaŝi la faktojn pri la afero de Wan Xitian kaj pri la masakro kontraŭ ĉinaj laboristoj en la kunsido de la kvin koncernaj ministroj.

Dum longa tempo, Wan Xitian restis forgesita en la historio kiel "malaperinto".

Estis nur post la Dua Mondomilito, ke la reala fakto montris sin iom post iom el la fundo de la intence kaŝitaj aferoj. Unue la terarmea kapitano ENDÔ Saburô (terarmea general-leŭtenanto en 1945, ĉe la fino de la Dua Mondomilito), kiu post-aranĝis la aferon en la 3a brigado, konfesis ke Wan Xitian estis murdita de la armeo. Kaj poste en la 70aj jaroj de la lasta jarcento, Kubono Sigezi, kiu tiam jam aĝis 70, publikigis la kajeron, en kiun li kaŝe notis la aferojn. Post sia militserva tempo li atente konservis kaj kaŝis ĝin, por eviti premon kaj minacon el iu flanko.

"De post la tago, la afero neniam forlasis mian cerbon. Mi longe deziris, ke mi iam sciigu al la familianojn la lastan momenton de Wan Xitian. Kaj tiel mi povus ripozigi lian spiriton." ⁴

Kaj, en la komenco de la 80-aj jaroj, la ĵurnalisto Tahara Yô trovis la

La ponto Salasai-basi, kie Wan Xitian estis murdita.
(La kondolenca afiŝo estas metita de la fotisto.)

Ĉapitro 2 Septembro 1923, Koŝmaro etendiĝanta al la ĉirkaŭaj regionoj

leŭtenanton Kakiuti (kolonelo en 1945), kaj finfine efektiviĝis, ke la murdinto mem rakontas la fakton per sia propra buŝo. Kakiuti diris, ke li tiam ne sciis, kiun li hak-mortigis. El lia buŝo sekvis pentaj vortoj, ke li bedaŭras sian kruelan agon, kaj ke li rememoras la aferon ĉiam, kiam li trairas la fervojan ponton super la rivero Nakagawa.

En la jaro 1990, Niki Humiko, kiu esploris la fakton de la mortoj de Wan Xitian kaj la ĉinaj laboristoj, trovis la filon de Wan, kaj sciigis lin pri la fakto de la afero. "Tion mi nebule supozis," la filo, kiu pasigis la vivon kiel kuracisto kaj jam fariĝis maljuna, esprimis sian malĝojon per siaj ŝultroj.

Tiam jam pasis preskaŭ 70 jaroj post la morto de Wan Xitian.

3   La noto sendita de la Sieĝostata Komandejo al la ministro de la Ministerio pri Eksterlandaj Aferoj, el *La Granda Tertremo en Kantô kaj la Afero de Wan Xitian*
4   *Senkaŭze murditaj homoj*

ĈAPITRO 3
HOMOJ TRAVIVINTAJ LA SEPTEMBRON

Travivo de la patro de la verkisto Hosaka Masayasu

Estis tro kruela vidaĵo

"Atente aŭskultu, kion mi rakontos. Per tiu ĉi komuniko al vi, mi fine liberiĝos de la peza ŝarĝo sur la ŝultroj."

Hosaka Masayasu:
Hûraiki — Mia historio en la erao Syôwa (1) Junaĝo, Heibon-sya

La libro *Hûraiki* estas la aŭtobiografio de la verkisto Hosaka Masayasu (1939–). En la verko li priskribis ĉefe la unuan duonon de sia vivo ĝis li komencis la karieron. Ĝia ĉefa temo estas daŭra konflikto inter li kaj lia patro.

Lia patro, kiu estis instruisto de matematiko, ne trinkis alkoholaĵon, nek estis societema. Li konservis distancon eĉ de siaj familianoj, kaj premis sian filon. Masayasu kreskis sub la ordonoj de la patro, ke "fariĝu kuracisto", "fariĝu instruisto" kaj "ne kredu aliajn homojn". La knabo, kiun nutris la demokratio post la Dua Mondomilito, kontraŭstaris la mondokoncepton de la patro, kiu rigardis homojn ne fidindaj. Kaj li ekŝatis literaturan kaj teatran mondojn, kiujn la patro malŝatis.

Aliflanke, la patro estis enigma persono. Li preskaŭ neniam rakontis eĉ al la familianoj pri sia vivo nek pri la parencaro. Sed tiu patro montris alian flankon, kiam la familio loĝis en la urbo Nemuro kaj renkontis la Tertremon en Tokati-oki en 1952. La patro ĉiam estis ordonema al la familianoj, sed ja tiam lia vizaĝo fariĝis pala pro multfojaj postskuoj, kaj pro teruro li kaŭriĝis sur la plankon. Tiam la patro faris multe pli strangan konduton, kiu gravuriĝis profunde en la koron de Masayasu, kaj la impreson li neniam povis forgesi en la posta vivo.

Ĉapitro 3   Homoj travivintaj la septembron

La ĉefa temo de *Hûraiki* estas la paŝoj de Masayasu, kiu malamis kaj antipatiis la domineman kaj enigman patron kaj iom post iom liberigis sin de la kateno. Kaj la sceno, sur kiu malkaŝiĝis la origino de enigmo, komenciĝas de la supre cititaj vortoj de la patro. En la jaro 1984, la patro ricevis la diagnozon, ke li havas kanceron kaj restas nur ses monatoj da vivo. Tiam la patro aĝis 75, kaj Masayasu 45.

La patro rakontis al sia filo, kiam ili estis du solaj en la malsanula ĉambro. "La tago, la unua de septembro, estis sabato."

En la unua de septembro 1923, la patro estis en la unua lernojaro de mezlernejo. Lia patro (avo de Masayasu) estis kuracisto, kiu traktis tuberkulozon. En tiu tempo, ĝi estis tre riska laboro, ĉar la malsano povas infekti kaj la kuraciston mem kaj ankaŭ iliajn familianojn, kaj efektive pro tio mortis liaj pliaĝaj frato kaj fratino. En la tempo de la Granda Tertremo en Kantô, li vivis kun sia patro en la urbo Jokohamo, la gubernio Kanagawa.

Trafis lin la grandaj skuoj, kiam li faris frazfaradon ĉe la skribtablo kiel hejmtaskon por someraj ferioj. Dum najbaraj domoj disfalis kaj familioj fuĝis el la areo, li estis izolita en sia domo. Li iris al la urbo por viziti la malsanulejon Saiseikai, kie lia patro laboris.

En Jokohamo okazis granda disfalo de la konstruaĵoj pro la proksimeco al la sismocentro de la tertremo. Precipe masonaĵoj, kiuj multe troviĝis en Jokohamo, tre facile disfalis. En la loka juĝejo de Jokohamo juĝistoj, advokatoj, prokuroroj kaj akuzitoj, sume pli ol 100 homoj mortis premite. Krome, pro disvastiĝinta incendio, 80 procentoj de la urbaj areoj en Jokohamo estis forbruligitaj. Laŭ la vidpunkto de la nombro de mortintoj, la damaĝo en Jokohamo estis proporcie preskaŭ duoble pli granda ol tiu en Tokio.

Kiam li paŝadis sur la ruiniĝintaj stratoj en Jokohamo, li estis kaptita je la piedo fare de junulo, kiu kuŝis sur la strato. La junulo petis akvon por trinki. Li ĉerpis akvon el la puto kaj donis ĝin al la junulo. "Xièxie," la junulo ĉine esprimis dankon al li. "Mi estas Wan —, studento el Ŝanhajo."

En la sekva momento, li estis batita je la kapo fare de iu per bastono. Li rimarkis, ke malantaŭ li staris kvin aŭ ses junuloj kun timiga mieno. Ili kriis, ke li ne donu akvon al la ĉino, kaj batis per bastono la junulon. Kaj fine ili mortigis la ĉinan junulon hakinte la ventron per glaveto. Ili foriris avertinte al li, ke li neniam denove donu akvon al ĉinoj nek al koreoj.

La patro de Masayasu rakontis, ke li ne povas rememori kio sekvis, tamen eble li reiris hejmen pro teruro. Kvazaŭ paralizite li restis en sia hejmo. Kelkajn tagojn poste, kolego de lia patro en la malsanulejo vizitis kaj sciigis lin pri la morto de lia patro. Li perdis ĉiujn familianojn.

"Mi ne plu mencios, kion mi rakontis hodiaŭ. Ĉar vi studas modernan historion de Japanujo, mi deziras, ke vi priserĉu la studenton nomatan Wan, kiu venis de Ŝanhajo kaj loĝis en Jokohamo, kiam okazis la Granda Tertremo en septembro 1923. Vi vizitu lian parencon kaj sciigu, ke s-ro Wan mortis pro la tertremego, kaj ke iu mezlernejano flegis lin en lia lasta momento. Tio estis kruelega vidaĵo. Neniu povas scii, kiom mi suferis por forkuri de la memoro. Mi neniel povas kredi, ke homoj havas en si tian kruelecon."

"De post tiam, mi neniam metis la piedojn en Jokohamon, ĉar la granda teruro ne ebligas al mi viziti la urbon."

"La Granda Tertremo en Kantô multe ŝanĝis mian vivon. Tuberkulozo kaj tertremo. Tiuj ĉi du komplete frakasis mian vivon."

"Pro tiu amara sperto, mi trude diris, ke vi fariĝu kuracisto."

Ĉirkaŭ duonjaron poste, la patro de Masayasu forpasis.

Jokohamo estis la plej granda fonto de la onidiro pri la ribelo de koreoj, kaj sekve la masakro en la urbo estis kruelega. En la 21a de oktobro 1923, la posta tago, kiam la registaro permesis aperigi raportaĵojn rilate al koreoj, ĉiuj japanaj ĵurnaloj vaste traktis la aferon.

"Ekde la nokto de la unua ĝis la 4a de septembro, daŭris sangomakulita tumulto en la urbo Jokohamo. La kadavroj de koreoj eltrovitaj en la urbo estas minimume 44. Se oni kalkulas kadavrojn metitajn sub la teron, kaj ĵetitajn en riveron kaj maron, la sumo superos 140 aŭ 150. Oni diras, ke eĉ la nombro de la japanoj, misprenitaj kiel koreoj kaj mortigitaj, atingas tridek kelkaj."

"Kvindek kelkaj koreoj estis mortigitaj, kaj la kadavroj estis lasitaj sur reloj de fervojo. Krom tiuj, multaj koreoj estis metitaj en fajron; forĵetitaj en la maron. Okdek ...... (kelkaj literoj en la originalo estis kaŝitaj pro cenzuro) en iu kompanio en la gubernio Kanagawa estis masakritaj en unu nokto." (La ĵurnalo Yomiuri en la 21a de oktobro 1923)

Ankaŭ la interna raporto de la Oficejo de General-Gubernatoro de Koreujo montras, ke la nombro de la koreaj murditoj en Kanagawa estis 180, el la rezulto de la interna esploro fare de la agentoj el Tokio. Sed la nombro de la efektiva akuzito pro la murdo kontraŭ koreoj estis nur unu en la tuta gubernio Kanagawa, kaj la nombro de la mortigitoj estis nur du.

Kiel la patro de Masayasu propraokule vidis, en la gubernio Kanagawa murditaj estis ne nur koreoj, sed ankaŭ multaj ĉinoj. La esploro farita de la ĉina flanko raportis la nombron de la viktimoj en la gubernio: 79 murditoj kaj 21 vunditoj. Sed ankaŭ pri la murdo kontraŭ ĉinoj, akuzita estis nur unu, kaj la murditoj estis tri.

Estas facile supozeble, kiom mallume ombris la vivon de la patro de Masayasu la du aferoj okazintaj sinsekve: la murdo tuj antaŭ la nazo de la mezlernejano, kaj la ŝoko pro la morto de la patro. La aferoj mem estas kruelaj. Sed mi honeste konfesu, ke iom konsolis min la sinteno de la patro de Masayasu, kiu kompatis la ĉinan junulon, kaj la vortoj, per kiuj li konfesis sian vundon en la koro: "Mi neniel povas kredi, ke homoj havas en si tian kruelecon." Ĉar en la dokumentoj pri la aferoj post la Granda Tertremo aperas sennombre multaj homoj, kiuj murdis homojn facilanime kaj senkompate. Se la kruela murdo antaŭ la nazo donis al la knabo neforviŝeblan vundon en la koron, al mi ŝajnas, ke tio pruvas la ekziston de humaneco.

La masakro kontraŭ koreoj el la vidpunkto de geknaboj

Nur la kapo de koreo kuŝis sur la tero

"Malmultaj ...oj loĝis en mia monto. Venis al la monto membroj de la Junulara Asocio el la strato 77, kaj ili murdis tiujn ...ojn ." (Elementa lernejano unuajara, en la kvartalo Hongô)

"Mia patro iris por mortigi ...ojn kune kun siaj kolegoj de la Rezerv-soldata Societo, tial mia patro iris aparte de mi, miaj patrino kaj avino, kaj Yoneko, Tomiko ktp." (Elementa lernejanino duajara, en la kvartalo Hukagawa)

"Ĉar oni diris, ke koreoj estas murditaj, kun amikino Yuki-njo mi iris por vidi la lokon. Du murditaj koreoj kuŝis apud la vojo. Ni aliris pli proksimen pro nedetenebla scivolemo. Iliaj kapoj estis fenditaj kaj sangaj, kaj la ĉemizoj estis ruĝigitaj per la sango. Homoj pikis la kapojn per bambua bastono. 'Abomenindaj uloj. Ili estas tiuj, kiuj tumultis lastnokte,' ĉiuj malame alkraĉis la kadavron kaj foriris." (Alt-elementa lernejanino unuajara (la aĝo egalas al tiu de nuna unuajara mezlernejano), en la urbo Jokohamo)

"En la nokto surprizis min, ke refoje okazis tumulto de koreoj. Ni tenis bastonon preskaŭ unu metron longa, kaj sur ĝia pinto ni fiksis najlon. Ni iris al diversaj lokoj, kaj trovis kapon de koreo sur la tero. Mi ne estas certa, sed mi aŭdis, ke troviĝis 200 kadavroj en la loko nomata Dairoku-no-hara." (Alt-elementa lernejanino unuajara, Jokohamo)

"En la 3a [de septembro], okazis tumulto de koreoj. Ĉiu prenis bambuan lancon aŭ japanan glavon kaj patrolis. Sekvis kruelaĵo, ĉar kiam ili vidis koreon, ili tuj murdis tiun. Naŭza estis la vidaĵo, ke koreoj murdite flosas sur la rivero." (Alt-elementa lernejano unuajara, Jokohamo)

"Matene, kiam mi vekiĝis, mi aŭdis laŭtan voĉon de najbara infano, ke ni iru por vidi, ĉar koreo estas ŝnurita en la policejo. Kimie proponis min, ke ni iru. Mi ne povis rifuzi, do mi respondis, ke ni iru. Kiam ni venis al la policejo, la koreo estis ŝnurita al elektroposto, kaj lia vizaĝo estis morte pala. Iuj homoj nomis la koreon abomeninda ulo, kaj batis al li la kapon per bambua bastono. La koreo svene klinis sian kapon. Iu homo apude staranta diris, ke oni unue aŭskultu ekskuzon antaŭ ol batadi lin. La koreo levis la kapon kaj petis per gestoj ion por skribi. Kimie diris al mi, ke ni reiru hejmen, kaj mi respondis, ke ni reiru." (Alt-elementa lernejanino unuajara, Jokohamo)

"'Haltu, haltu!' sonis voko de post mia dorso. La vokita viro turnis sin, kaj la vokinto pretegis sin por batali, kaj kriis: 'Vi estas koreo!' La viro neis: 'Mi estas japano.' La vokinto kriis: 'Fi, ne mensogu!' kaj batis la kapon de tiu viro per klabo de golfludo. El la kapo de la viro ŝpruce elfluis freŝa sango. 'Oj!' la viro kriis kaj rapide forkuris. (Alt-elementa lernejanino duajara, Jokohamo)

"Sur la vojo mi vidis koreon ŝnuritan al arbo. Oni multfoje pikis lian ventron per bambua lanco, kaj fine segis lin." (Unuajara lernejano, Jokohamo)

La supraj citaĵoj estas prenitaj el la frazaro de geknaboj, kiu estas verkita duonjaron post la Granda Tertremo. (La tripunktoj en la teksto montras la literojn kaŝitajn pro cenzuro. La originalo estas "La memora verkaro de la urbaj elementaj lernejoj en Tokio pri la Granda Tertremo")

La dokumentaro de rakontoj fare de geknaboj pri la masakro kontraŭ koreoj redaktita de Kŭm Pyŏng-dong (eld. Ryokuin-Syobô) estas dika libro, kiu konsistas el tiuj verkoj menciantaj la masakron kontraŭ koreoj, el la frazaro de tiamaj geknaboj pri siaj spertoj okaze de la Granda Tertremo. En la originalo ni povas legi la nomojn de la lernejoj kaj personajn nomojn de la geknaboj, kiuj faris la frazojn. Mi evitis aperigi la nomojn en tiu ĉi libro. La enhavo de la verkaro faras mian koron multe pli peza ol tiu de la aliaj diversaj rakontoj pri la masakro, kiujn mi jam legis.

La unua faktoro de mia peza sento estas ŝoko kaj abomeno pro tio, ke tro multe kaj facile troviĝas jenaj priskriboj: "estis mortinta", "fine murdis" ktp., malgraŭ ke la frazoj estis faritaj de geknaboj.

La dua faktoro estas, ke mi devas klare konstati la fakton, ke en tiu tempo murdoj kontraŭ koreoj estas oftaj aferoj, kiel tiom da geknaboj priskribis kvazaŭ ĉiutagaj aferoj. En normala tempo, se iu knabo farus frazon en la lernejo: "Mia patro iris murdi", tio kaŭzos konfuzon en la lernejo. La lernejo konsultos policon.

La tria faktoro estas, ke en la verkoj preskaŭ ne troviĝas esprimo kompata al la koreoj, nek abomeneto al la masakro. Male, eĉ jena frazo troviĝas en ili:

"Ĉar tiam ĉiuj pikadis la koreon, ankaŭ mi unufoje pikis lin. Kaj pro mia piko, li tuj mortis." (Elementa lernejano kvarjara, Jokohamo)

Kiel ni devas kompreni la verkon?

En la libro la redaktoro Kŭm Pyŏng-dong komentis pri la verko de SAKAKIBARA Yaeko, alt-elementa lernejanino unuajara de la elementa lernejo Kotobuki en Jokohamo, ke ĝi estas unu sola verko, kiu konsolis lin. Ĉar ĝi estas longa, mi citu nur la finan parton.

"Kiam la orienta ĉielo pli kaj pli heliĝis, mi rapidigis miajn paŝojn al la urbo Matuyama. Mi estis preteriranta antaŭ la policejo Kotobuki. Tiam, ĝemoj sonis de malantaŭ la pordego. [...] La longaj ĝemoj venis de kvin aŭ ses homoj ŝnuritaj al la arboj. Ilia vizaĝo estis rompita, kaj al ili mankis okuloj kaj buŝo. Nur la parto ĉirkaŭ la brusto spasme moviĝis.

Oni diras, ke koreoj faris friponaĵon, sed tio ne estis kredebla por mi, kvankam mi provis kredi. Kie nun estas la homoj, kiuj en tiu tago ĝemis en la tereno de la policejo?"

En matena aŭroro, ŝi vidis tiun ĉi aferon. Kelkajn horojn antaŭe, iu koreo forkuris kaj petis helpon al ŝiaj familianoj, kiuj rifuĝis en korton de ĝardenisto. Li diris: "Mi estas koreo. Nenion perfortan mi faras," kaj li multfoje klinis sin. Sed baldaŭ alvenis membroj de la Memdefenda Grupo, kaj forkondukis lin.

Vidinte la figuron de la trenata koreo, ŝi ne povis dormi eĉ unu minuton ĝis la aŭroro. Kaj ŝi preterpaŝis antaŭ la policejo. Kŭm Pyŏng-dong skribis kun bedaŭro: "La plenkreskuloj devus havi nur kelkonon de la saĝeco kaj bonkoreco de tiu ĉi knabino Yaeko."

Laste, mi prezentu ankoraŭ unu verkon de infano kun la nomo de la verkinto. Ŝi estis triajara lernejanino de la elementa lernejo Reigan en la kvartalo Hukagawa. Ŝia nomo estas Tei Tiyo. Kiel vi rimarkis[*1], ŝi estas koreino.

Embarasa afero / Tei Tiyo

[...] Pensante, ke ĝi (la fajro) ne venos ĉi tien, kun trankvilo ni dormis ekstere sub la ĉielo. En la sekva mateno, kiam ni laboris por konstrui kabanon ĉe la riverbordo, aperis de diversaj lokoj viroj kun dika ligno. Ili ŝnuris mian patron kaj metiistojn, kaj alkondukis tiujn al la policejo. Ili diris, ke ili liberigos la kaptitojn morgaŭ, sed ne plenumis la promeson. En la vespero, pasigis tempon solaj ni kvar, patrino, la bebo, kiun ni

---

[*1] Per la korea familia nomo Tei.

trovis survoje de la fuĝo, kaj la knabo, kiu estis en la domo.

Tiam nekonata viro envenis en nian kabanon kaj demandis, ĉu ni estas ...aj virinoj. Mia patrino jesis, kaj la viro diris, ke li murdos nin. La viro estis kolera. Pro timo mi ploris kaj ripetis pardonpeti de la viro. Li diris, ke li preterlasos nin, ĉar ni estas nur virinoj. Li foriris. Ni ĝojis kaj iris al la policejo, kaj oni bonvolis akompani nin al la loko nomata Narasino, kie estis mia patro.

La patro treĝojis, ĉar li pensis ke ni ĉiuj jam estis mortintaj. Kaj oni bonvolis konduki nin al Tokio.

La frazo: "ploris kaj ripetis pardonpeti" premas mian bruston. Neniu rajtus igi ŝin fari tion.

Aldono:
Troviĝas stranga priskribo en la supre citita verko de Tei Tiyo, ke ŝi pasigis tempon kun la bebo, kiun ili "trovis survoje". Kun tio kongruas la enhavo de unu artikolo en la ĵurnalo Tôkyô Niti-Niti Sinbun en la 28-a de oktobro 1923.

"En la unua de septembro, proksimume je la unua ptm, en Umibe-mati 323, en Honzyo, iu preterpasanta japanino ĉirkaŭ 20-jaraĝa petis provizore varti bebon (du monatojn aĝa) al Cho Chun-ok (32-jaraĝa). Ĉar la patrino ne revenis, nek parencoj de la bebo aperis, ŝi adoptis kaj nomis la bebon Jung Sae-bok, kaj flegas kun amo. La komandanto Yamanasi [de la koncentrejo Narasino] mildigis sian mienon pro ĝojo kaj laŭdo. Ili rifuĝis en la vilaĝon Suna [la nuna urbo Suna], sed por eviti minacon kontraŭ koreoj, ili estis ŝirmitaj en la koncentrejo. (La parentezoj per rektaj krampoj estis aldonitaj de la aŭtoro.)

La afero, kiu naskis la nomon "Senda Koreya"

Misprenita japano

En la nokto de la 2a de septembro 1923. Itô Kunio, kiu estis 19-jara junulo kaj revis fariĝi aktoro, estis ekscitita; ĉar li aŭdis onidiron, ke la armeo disvolvis sin laŭ la rivero Tamagawa, kaj konfliktas kaj batalas kun "ribelemaj koreoj", kiuj venis norden de la direkto de la gubernio Kanagawa. La batalejo baldaŭ devos esti etendita ĝis lia loko, Sendagaya. Li elprenis la glaveton hereditan de prapatroj el la konserva skatolo en la dua etaĝo de sia hejmo, kaj kaŝis ĝin sub la fenestreto de la necesejo por ke li povu uzi iam ajn. Kaj li staris kun bastono en la manoj por "gardi" antaŭ sia hejmo kune kun siaj najbaroj.

Pasis longa tempo, sed nenio okazis. Li senpacience suriris sur digon de fervojo proksima al la stacidomo Sendagaya, kaj provis "observi malamikon". Jen al lia orelo venis krio el la mallumo: "Koreo, koreo!" Kaj al li proksimiĝis multe da lanternoj. Ŝajne, la lanternoj postkuras koreon. Bone, ni ataku la ulon de ambaŭ flankoj. Itô rekte ekkuris renkonte al ili.

> Mi alkuris, kaj subite iu bategis mian lumbon. Mi haste rigardis malantaŭen, kaj vidis, ke kolosa viro levis bastonon kaj kriis: "Trovite!"
>
> Mi ŝirmis min per la montbastono kaj retiriĝis. Mi ripete ekskuzis: "Ne, mi ne estas koreo!" Sed la viro ne aŭskultis min, kaj freneze svingis la bastonon kriante: "Koreo, koreo!"
>
> Baldaŭ la lanternoj amasiĝis ĉirkaŭ ni. Mi denove vidis la kriantan kolosan viron, kaj rimarkis, ke li estas blanka ruso (elmigranto pro la Rusa Revolucio) kaj vendisto de drapoj, kiu loĝas apud la stacidomo Sendagaya. En la okazo de la ruso, oni unuavide povis distingi per la aspekto, ke li ne estas koreo, sed en mia okazo ne. Tion pruvis, ke la uloj,

kiuj mem ne estis facile distingeblaj, ĉu ili estas japanoj aŭ koreoj, portantaj bastonegon, lignan glavon, bambuan lancon aŭ hakilon, batadis min dirante: "Fiulo, konfesu!" "Senhonta ulo, diru vian naciecon!" "Se vi mensogos, ni batmortigos vin!" Mi diris: "Mi estas japano, nomiĝas Itô Kunio, kaj loĝas en tuj proksima strato. Mi estas studento de la universitato Waseda," kaj montris mian studentan atestilon, sed ili tute ne konvinkiĝis. Kaj ili minacis min per hakilo, ordonis al mi, ke mi elparolu: "A, I, U, E, O", parkere deklamu la Mesaĝon (aŭ Reskripton) de Tennô pri Edukado[*1], ktp. Mi iel povis trapasi la du ekzamenojn, sed atendis min pli malfacila, ke mi diru laŭkronike la nomojn de ĉiuj Tennô-oj[*2].[1]

Tuj poste rekonis lin lia najbaro, kiu hazarde estis inter la membroj de la Memdefenda Grupo. Li apenaŭ povis eviti vundiĝon. Poste pro tiu ĉi sperto, li nomis sin SENDA Koreya por sia aktora nomo. La nomo havas la signifon: "Koreo en Sendagaya". Senda Koreya, kiu fondis la teatron Haiyû-za, sukcesis kiel reĝisoro kaj ankaŭ kiel aktoro. Li forpasis en la aĝo de 90.

Li estis bonŝanca. En tiu tempo estis tre multaj japanoj kaj ĉinoj, kiuj estis murditaj misprenite por koreoj.

Laŭ la raporto de la Ministerio pri Justico, la nombro de japanoj, kiuj estis murditaj misprenite por koreoj, estis 58. La nombro montras nur la murditojn en la kazoj, en kiuj oni kaptis la murdintojn kaj aplikis justican proceduron al ili. Supozeble, efektive pli multaj homoj estis murditaj.

La manieroj de la murdoj registritaj en la raporto estas ja kruelaj. Ekzemple: "multfoje bati per bambua lanco, hokstango kaj bastonego, haki per japana glavo, kaj piedbati", "en la rivero, haki la kapon per japana glavo", "bati per ŝipa jardo, ŝtipo, aŭ remilo viktimon je la kapo kaj lumbo, kaj dronigi tiun en akvon", "ĵeti ŝtonojn kune kun amaso da homoj", "bati per ligna glavo, metala rastilo, batilo aŭ simila", "kateni la manojn malantaŭ la dorso kaj [bati] per bambua lanco, hokstango aŭ simila" kaj tiel plu.

La plej konata murdo kontraŭ japanoj estas la afero en la vilaĝo Hukuda, kiu okazis en la gubernio Tiba. Unu parenca grupo, kiu venis de la gubernio Kagawa por kolporti medikamentojn, ricevis atakon misprenite kiel koreoj. La grupanoj estis pikitaj aŭ batitaj per hokstango aŭ bastonego, kaj fine ok el la grupo estis dronigitaj ĵetite en la riveron Tonegawa, kaj unu forkurinto estis hakite murdita. La ĵurnalo Tôkyô Niti-Niti Sinbun en la 29a de novembro 1923 raportis: "La edzino de la medikamenta kolportisto rifuĝis en la akvon ĉe pramejo. Ŝi supren tenis sian bebon en la rivero, kie akvo atingas ŝian bruston, kaj kriis: 'Helpu!'" ²

En la urbo Urayasu estas raporto, ke homo el Okinavo "estis murdita pro tio, ke li ne povis flue paroli la japanan lingvon".³

La tiama registaro ŝajne intencis diskonigi la murdojn kontraŭ japanoj, por nebuligi la pli kernan problemon, nome masakron kontraŭ koreoj. La dokumento "La konsento pri la aferoj de koreoj" (la 5a de septembro 1923) estas kompilita de la registara organizo: la Provizora Oficejo por savi damaĝitojn pro la Granda Tertremo. Ĝi temis, kiel la registaro komuniku al amaskomunikiloj "la fakton de la aferoj". En ĝi troviĝas jena priskribo:

"Troviĝis kelkaj koreoj, kiuj estis atencitaj en la konfuzo, sed ankaŭ multaj japanoj spertis similan atencon. Tio estas ne evitebla fenomeno en la kaosa stato. Ne estas fakto, ke oni atencis aparte nur koreojn."

Tio ĉi estas ĉikano. La japanaj viktimoj estis murditaj ĝuste pro tio, ke ili estis misprenitaj kiel koreoj. Alivorte: la murdintoj murdis la japanojn kiel

---

1 Senda Koreya: "Wagaya no ningyô sibai" (Pupteatro en hejmo), *Teatro*, en majo 1961, el *Veroj kaj Faktoj pri masakro kontraŭ koreoj okaze de la Granda Tertremo en Kantô*
2 *Senkaŭze murditaj homoj*
3 *La vero de historio – La Granda Tertremo en Kantô kaj la masakro kontraŭ koreoj*

---

*1 La Mesaĝo de Tennô pri Edukado eksplicis la koncepton de la edukado kaj moralo de japanaj ŝtatanoj.
*2 *Tennô* estas la eksestro de Japanujo kaj la religia ĉefo de ŝintoismo. Tennô iam signifis ankaŭ la imperiestron de la Japana Imperio en la imperiisma periodo. Hodiaŭ ĝi estas simbolo de Japanujo.

koreojn. La supre cititaj frazoj aludas, kvazaŭ hazarde troviĝis ankaŭ koreoj en la murditoj. La konkludo, ke koreoj kaj japanoj ambaŭ same fariĝis viktimoj de la katastrofo, estas kontraŭ la fakto.

Kaj, la kruelaj murdmanieroj, kiujn mi citis, estis aplikitaj al tiuj, kiujn "oni misprenis" kiel koreojn. Tio signifas, ke multe pli da koreoj estis murditaj en tiaj kruelaj manieroj.

En la epizodo de Senda Koreya restas ankoraŭ unu punkto, kiun oni nepre ne pretervidu. En la komenco li prenis glaveton kaj bastonon kiel armilojn, kaj kuris por serĉi mortigendan "ribeleman koreon". La epizodo ne havis seriozan finon, ĉar estis ruso, kiun li hazarde renkontis, (kaj hazarde troviĝis lia konato). Sed kio estus okazinta, se li renkontus veran koreon? Senda rakontas jene:

"Estis ebleco, ke ankaŭ mi fariĝis atencanto. Por ke mi ne ripetu saman eraron, por mia aktoreco mi prenis la nomon Senda Koreya, nome koreo en Sendagaya." [4]

---

[4] *Kettei-ban Syôwa-si 4* (La historio de la erao Syôwa volumo 4)

Murditoj en la koncentrejo en Narasino

La cindroj elfositaj 75 jarojn post la afero

En la 8a [de septembro], ni petis Tomizi ĉe Tazaemon aŭte veturigi nin por alporti legomojn kaj rizon de Syôhaku. [Ni alportis] du toojn[*1] da rizo al Koisikawa, du toojn al Hongô, kaj du toojn al Azabu. Ni ekiris ĉirkaŭ la 3a atm. Ni iris ankoraŭfoje por ricevi koreojn. Ĉikaŭ la 9a horo, ni ricevis du koreojn; sume, kvin koreojn. Ni decidis fari fosaĵon (apud la tombejo de la gardisto de Naginohara), sidigi la koreojn sidi tie por dehaki ilian kapon. Unue, Kunimitu sukcesis unuspire dehaki. Due, Keizi povis haki nur ĝis la mezo de la kolo. Trie, Takaharu provis, sed iom restis la haŭto de la kolo. Kvare, Mituo sukcesis senkapigi per la glavo, kiun uzis Kunimitu. Kvine, Yosinosuke povis haki nur ĝis la mezo de la kolo pro manko de forto, kaj bezonis du fojojn por plenumi. Ni enfosis [la kadavrojn]. Verŝajne pro laciĝo, ĉiuj kuŝis tie kaj ĉi tie. En la nokto ĉiu el ni denove iris al sia destinita kordono.[1]

Tio ĉi estas parto el la taglibro skribita de iu loĝanto en la vilaĝo Takatu, la urbo Yatiyo, la gubernio Tiba. Ĝi estas priskribo pri la afero en la 8a de septembro 1923, kiam la vilaĝanoj hakmortigis koreojn. La viktimoj ne estis kaptitaj per ekzameno de la Memdefenda Grupo, malsame al la aliaj kazoj. Ili estis tiuj, kiuj estis "ŝirmitaj" en la koncentrejo en Narasino fare de la armeo.

    1   Kang Tŏk-sang: *La Granda Tertremo en Kantô — La memoro de la masakro*

---

*1   Mezurunuo de volumeno, valoranta proksimume 18 litrojn.

La armeo kaŝe elkondukis la koreojn el la koncentrejo, kaj murdigis al la vilaĝanoj en la apudaj vilaĝoj: Takatu, Ôwada, Ôwada-sinden Kayada ktp.

Kiel mi jam skribis, en la 4a de septembro, la Sieĝostata Komandejo decidis la direktivon enmeti koreojn ĉirkaŭ Tokio en kelkajn koncentrejojn, ekzemple en tiun en Narasino, por "ŝirmi" ilin. Se plu okazus murdoj kontraŭ koreoj fare de Memdefendaj Grupoj, Japanujo certe ricevus internacian riproĉojn, kaj tio tre malbone influus al la regado de Koreujo fare de Japanujo.

Malliberigi senkulpajn suferigitojn estas evidente maljuste. Sed tiu ĉi direktivo ŝajnis almenaŭ protektanta la koreojn de atakoj fare de la furioza popolamaso. Efektive, kiel mi jam menciis, la familio de Tei Tiyo povis sekure reveni hejmen. La koncentrejo Narasino, en kiun oni akceptis pli ol 3000 koreojn, fermiĝis ĉirkaŭ du monatojn poste, en la fino de oktobro.

Sed dum la tempo, en la koncentrejo okazis misteraj aferoj. WATANABE Yosio, kiu estis polica serĝento de la policejo Hunabasi, ĉiutage kontrolis kaj registris la nombron de la akceptitoj en la koncentrejo Narasino. Li rimarkis, ke "perdiĝas du aŭ tri en ĉiu tago." Li pridemandis policanon en la proksima policejo, kaj tiu respondis, ke verŝajne la armeo murdigas koreojn al la loka Memdefenda Grupo.

Sin Hongsik, kiu estis 18-jara studento kaj akceptita en la koncentrejon, renkontis malfacile kompreneblan aferon. Kvankam li estis en koncentrejo, li organizis movadon por akiri aŭtonomecon[*2] de koreoj. Tiutempe ĉirkaŭ li ofte okazis, ke oni vokis per megafono unu el liaj kamaradoj de la movado, kaj tiu neniam revenis. Sin demandis soldatojn pri tio, kaj la respondo estis, ke la kolegon vizitis malnova konato, aŭ ke venis parenco de la kolego. Sed estis strange, ke la kamaradoj foriris sen ia ajn saluto al li. Sin forlasis la koncentrejon, lasinte la suspekton ne solvita.

La fakto, ke la armeo murdigis koreojn al homoj el proksima vilaĝo, evidentiĝis nur post la Dua Mondomilito. Laŭ Kang Tŏk-sang, la diferenco de la totala nombro inter la akceptitoj kaj forlasintoj atingis preskaŭ 300. Povas esti, ke multaj koreoj mortis pro vundo ricevita antaŭ la akceptiĝo en la koncentrejon, sed en la diferenco de la nombro verŝajne kalkuliĝas koreoj murditaj tiel kiel mi montris. Kang supozas, ke tiuj, kiujn oni rigardis "ideologie danĝeraj", estis elektitaj kaj murditaj.

Malfacilas al ni supozi nur per la restintaj dokumentoj aŭ rakontoj la senton de la tiamaj vilaĝanoj, kiuj faris la murdojn. Tamen, de post tiam, en *Obon* (la tagoj, kiam la spiritoj de prapatroj revenas al sia hejmo) kaj en semajnoj ĉirkaŭ ekvinoksoj[*3], en la lokoj, kie okazis la murdoj, la vilaĝanoj incensis kaj oferis *dango*-ojn (buletaj manĝaĵoj kuiritaj el riz-faruno) al la murditoj. En Naginohara, kies nomo aperas en la supra citaĵo kiel loko de la murdo, oni iam sekrete starigis epitaftabulon.

Estis la 70-aj jaroj, kiam fine maljunuloj en la kvartalo Takatu konfesis la pezan fakton. La unua okazo estis intervjuo fare de geknaboj, kiuj estis membroj de loka historia klubo en mezlernejo en la urbo Narasino. La maljunuloj ekrakontis pri la pasinta afero al la geknaboj, kiuj vizitis ilin por intervjui. Ankaŭ la supre citita taglibro estis prezentita al la lernejo fare de unu loĝanto, kiu aŭdis ke mezlernejanoj esploras la aferon, kaj volis sciigi geknabojn pri la vera historio de la vilaĝo.

En la sama tempo, ĉefe en la urbo Hunabasi, organiziĝis civilaj grupoj por studi la historion de la masakro kontraŭ koreoj. Helpite ankaŭ de la grupoj, en la 23a de septembro 1982, efektiviĝis granda *Segakie* (ceremonio oferi preĝon por suferantaj mortintoj) okazigita de ĉiuj loĝantoj en la kvartalo Takatu. En Naginohara oni starigis novan epitaftabulon faritan de la ĉefbonzo de la templo Kan'non-zi en Takatu. Sur ĝi tekstis, ke "ĉion mi nun konfesu kaj pentu" (*Issai-ga-kon kai-zan-ge,* la frazo el budhisma sutro).

En septembro 1998, la asembleo de la kvartalo Takatu decidis serĉfosadon en la loko de la murdo, utiligante la monsumon de kelk-milionoj

---

[*2] aŭtonomeco = memadministrado

[*3] Laŭ la japana religia moro, *Obon,* precize *Urabon'e,* estas la tagoj en somero, kiam spiritoj de prapatroj revenas al sia hejmo por resti kelkajn tagojn. Dum la tagoj la pranepoj incensas kaj oferas manĝaĵojn por ili. Oni kredas, ankaŭ ke proksimiĝas la mondoj de vivantoj kaj mortintoj ĉirkaŭ ekvinoksoj.

da enoj ŝparita de la kvartalo, por ke la loĝantoj ne heredigu la problemon al la generacioj de siaj gefiloj aŭ genepoj. Agnoski la pekon de propraj gepatroj kaj geavoj ne estis facila afero. La pacienca persvado fare de la ĉefbonzo de Kan'non-zi k.a. rezultigis la decidon.

Oni fosis la lokon per ŝovelilo ok horojn, kaj aperis la cindroj de ses homoj. Laŭ la ekzameno de la polico, la cindroj montris, ke pasis kelkdek jaroj post la morto, kaj la polico konstatis, ke ili estas la viktimoj en la koncerna tempo. Poste, oni metis la cindrojn en la templon Kan'non-zi, kaj en la jaro 1999, konstruis cenotafon sur la tereno de la templo. La ĵurnalo Asahi en la 12a de januaro 1999 aperigis jenajn vortojn de maljunulo en la kvartalo: "Ni ĉiuj longe pensis, ke ni devas okazigi ofcerceremonion por la murditoj. Pasis tempo. Nia penso ŝanĝiĝis, ke pli granda problemo, ol la agoj de tiamaj vilaĝanoj, estas la malnormala atmosfero, en kiu ni ne povis oponi al la armeo."

La vilaĝanoj, kiuj ŝirmis siajn najbarojn

"Ni neniam permesos vin eĉ tuŝeti la koreojn"

Tamen, membroj de la Memdefenda Grupo en la 3a strato kaj en la areo Magomezawa amase venis portante armilon, kaj diris: "En la vilaĝeto Maruyama estas du koreoj. Ne lasu ilin vivi plu." [...] TOKUDA Yasuzô, Tomizô kaj kelkaj el ni diris: la uloj venos sendube ĉi-nokte, sed ni ne liveru la koreojn al ili; la uloj tuj murdos ilin; ĉar la koreoj estas sen-kulpaj, kaj havas profundan amikecon kun ni, ni neniam liveru ilin, kvankam ili estas koreoj. [...]

Kvin aŭ ses membroj el nia Memdefenda Grupo en Maruyama gardis la du koreojn. Ni streĉis kapon per tuko por montri nian imponecon, malgraŭ tio, ke ni estas nur malmultaj. Venis ĉirkaŭ 40 homoj, kun pafilo, glavo aŭ lanco. Ni okupis la supron de la monteto ĉirkaŭata de bambuaro, kaj la uloj staris ĉe la piedo de la monteto. Ili insistis, ke ni liveru al ili la koreojn. Ni rifuzis. [...]

En la unua vico, TOKUDA Osamu kriis al ili: "Vi ne rajtas mortigi, ĉar nenion kriman la koreoj faris. Ni ne ĝenos vin. Junuloj el nia grupo eskortos la koreojn al la policejo. Foriru!" Li estis lerta luktanto, malgraŭ la malalta staturo. Do, la uloj kriis: "Kion vi diraĉas? Vi estu la unua viktimo!" Yasuzô, ĉirkaŭ 45 jaraĝa tiam, respondis: "Provu murdi, se vi povas. Kiel ajn vi persistos, ni nepre ne liveros ilin al vi, eĉ se ni riskos nian vivon!" kaj aldonis: "Se vi volas, mortigu min unue!"

Ĉu lia impona sinteno surprizis ilin, aŭ ĉar mortigi japanojn ili neniel povis, la uloj rezignis kaj diris: "Ĉu estas certe, ke vi liveros la koreojn al la polico?" Ni kriis responde: "Nepre jes. Facila tasko. Ni ne permesos vin eĉ tuŝeti la koreojn, ĉar vi tute ne rajtas mortigi ilin." Finfine, la uloj kriis: "Promesu, ke vi neniam ĝenos nin." Ni disiĝis en malamika atmosfero.

En tiu nokto ni ne dormis, kaj alterne gardis la du koreojn. La afero okazis eble kvar tagojn post la tertremego. En la sekva tago, ni akompanis la koreojn al la policejo Hunabasi. Kaj mi aŭdis, ke poste la koreoj estis senditaj al, tiel nomata, koncentrejo por koreoj en Narasino, kie oni metis pikdratajn barilojn ĉirkaŭ la tereno; kaj ke la senditoj en la koncentrejo estis ŝirmitaj de ĝendarmoj.

TOKUDA Keizô[1]

Tio ĉi estas atesto de Tokuda Keizô, kiu loĝis en la vilaĝeto Maruyama. Kiam okazis la afero, li estis 24-jara.

La vilaĝeto Maruyama estas la nuna urbeto Maruyama en la urbo Hunabasi, en la gubernio Tiba. Ĝi apartenis al la vilaĝo Hôden en tiu tempo. La vilaĝeto estis malgranda kaj malriĉa, sen bona rizkampo. En ĝi loĝis ĉirkaŭ 20 familioj, el kiuj nur du havis sian propran terenon. La ceteraj estis farmistoj.

En Maruyama loĝis du koreoj ekde antaŭ du jaroj. La japanaj nomoj de la koreoj estis Hukuda kaj Kinosita. Ili estis grandstaturaj. Hukuda estis fortika, kaj Kinosita estis svelta. Ili estis du el tiuj, kiuj venis al la vilaĝeto por labori en la konstruado de la fervojo Hokusô-tetudô (la nuna linio Tôbu-Noda). Post la konstruado ili loĝis en malgranda kapelo, kiun ili luis. Ili familiariĝis al la vilaĝanoj. MUTÔ Yosi rememoras, ke Hukuda rond-vizaĝa preskaŭ ĉiutage vizitis ŝian domon kaj longe babilis kun la familianoj.

"Neniu estu mortigita el Maruyama. Ni ne liveru la du al la uloj." Tokuda Yasuzô, kiu estis ĉirkaŭ 40-jaraĝa, persvadis la vilaĝanojn, kaj solidarigis ĉiujn. Ĉar li estis tiel justama homo, ke li ĵetis oponajn vortojn eĉ al la ĉefo de vilaĝo, se tiu eraris. Li estis respektata de la vilaĝanoj en Maruyama.

En la 4a de septembro 1923, en diversaj lokoj ĉirkaŭ la urbo Hunabasi, ripetiĝis masakro kontraŭ koreoj fare de Memdefendaj Grupoj. La plej granda okazis apud la norda elirejo de la stacidomo Hunabasi, kie murditaj estis 38 homoj. Yasuzô vidis la aferon propraokule. Poste, li rakontis en sia maljunaĝo, ke ankoraŭ klare restas en lia memoro la figuro de plor-krianta infaneto: "Ajgo!". Li ne povis permesi, ke oni tiamaniere murdos liajn intimajn najbarojn, Hukuda kaj Kinosita.

Kontraŭstari al la decido de la apudaj vilaĝetoj estis tro riska agado por la malgranda kaj malriĉa vilaĝeto Maruyama. Sed la loĝantoj de Maruyama solidariĝis sub la vortoj de Yasuzô, kaj ili prenis falĉileton, fosilon, aŭ eĉ bastonon por miksi sterkon. Ili sukcesis defendi sian vilaĝeton kontraŭ la invado fare de la Memdefendaj Grupoj de aliaj vilaĝoj. Tokuda Keizô poste rakontis, ke nun li miras, kial ili povis tiel agi tiutempe.

La loĝantoj de Maruyama ŝirmis la du koreojn tutan nokton, kaj en la sekva tago (la 5a?) ili kondukis tiujn al la policejo, ĉar ili supozis, ke ili ne povos ŝirmadi la koreojn en la vilaĝeto daŭre plu. Mutô rakontis, ke ĉe la ekiro la loĝantoj adiaŭis la koreojn kun larmoj.

Unu jaron poste de la afero, la du koreoj venis al la vilaĝeto por revidi la loĝantojn. Tokuda Kêzô rakontis, ke "tiam iu amuzema viro diris: 'Estas tre feliĉe, ke vi estas savitaj. Mi neniam vidis korean dancon. Ĉu vi bonvolus montri ĝin al mi, se vi scias?' Tiam la du koreoj kun larmoj dancis kantante 'Arirang, arirang.'"

Tokuda Yasuzô poste organizis sindikaton por terkulturistoj, kaj luktis por la rajtoj de farmistoj. Li ofte iris interveni farmistajn konfliktojn en diversaj regionoj. Kvankam li estis arestita multajn fojojn, kaj lia domo estis priserĉita de la polico, li ne rezignis. En la jaro 1926, kiam organiĝis la Laborista kaj Terkulturista Partio, li fariĝis ĝia partiano. En 1969, li forpasis en la aĝo de 86.

Inzô, la edzo de Mutô Yosi, ankaŭ de post la afero kutimis babili dum multaj horoj kun koreaj brokantistoj de uzitaj aĵoj. Li pensis, ke por li "ne gravas ĉu koreoj ĉu japanoj". En la maljunaĝo, li ĉiujare partoprenis en la

1   *La vero de historio – La Granda Tertremo en Kantô kaj la masakro kontraŭ koreoj*

memora ceremonio en la urbo Hunabasi, okazigita por la viktimoj de la masakro kontraŭ koreoj.

Kiam mi legis dokumentojn pri la masakro kontraŭ koreoj post la Granda Tertremo en Kantô, mi trovis, ke estis japanoj, kiuj ŝirmis koreojn. Mi ofte renkontis en la dokumentoj tiujn, kiuj sekrete, aŭ iufoje publike ŝirmis koreojn, kvankam dume oni tiel facile rabis la vivon de multaj koreoj: iu kaŝis koreon en la subtegmento, iu alia forkuris manon en mano kun infano apenaŭ mortigota, ktp.

La plej konata rakonto de "japano, kiu ŝirmis koreojn" estas la epizodo de ÔKAWA Tunekiti, la policestro de la policejo Turumi, en la urbo Jokohamo. Laŭ la rakonto, li deklaris antaŭ mil homoj, kiuj sieĝis la poliejon, ke "antaŭ ol mortigi koreojn, unue mortigu min Ôkawa".

La epizodo aperis ankaŭ en la libro *La historio, kiun ne instruas lernolibroj* (1996), kiu furore vendiĝis en la 90aj jaroj, verkita de HUZIOKA Nobukatu kaj lia grupo *Studa grupo de historio en liberisma vidpunkto*. Laŭ mia memoro, la ĉefa temo de la libro estis kolektado de historiaj epizodoj, per kiuj japanaj geknaboj kaj gejunuloj povas senti Japanujon fierinda. Sed tian uzon de la epizodo de la policestro Ôkawa en tia kunteksto mi sentas malkonvena.

Kompreneble, la policestro Ôkawa estas respektinda persono. Tamen, mi demandas, ĉu ne estas strange ke la libro laŭdas lin kiel "honoran japanon", kvankam li rifuzis partopreni en la masakro; ĉar tiam multaj japanoj, inkluzive de la polico kaj armeo, metis siajn manojn al la masakro. Antaŭ ĉio oni devas scii, ke la masakro kontraŭ koreoj mem estas evidente "nefierinda historio" por ni, japanoj. Oni ne povas forviŝi la tutan kulpon de Nazia Germanujo per unu Oskar Schindler. Same estas ankaŭ ĉe la masakro kontraŭ koreoj fare de japanoj. La oportunisma sinteno estas riproĉinda.

Alia malkonvena punkto estas, ke kvankam troviĝas multaj japanoj, kiuj rezistis kontraŭ la masakro, la libro elektis nur la policestron el ili. Restas multaj rakontoj de la popolanoj, kiuj ŝirmis koreojn: la mastro de pensiono, kiu kaŝis loĝantojn en neuzata ĉambro; la administranto de fabriko, kiu ŝirmis fabriklaboristojn per japana glavo; la majstro de laborejo, kiu ŝirmis koreajn laboristojn kaj mem estis preskaŭ mortigita; la pensiono de la universitato Aoyama ŝirmis 70 aŭ 80 koreojn inkluzive infanojn. Tio, kion ili volis protekti, ne estis "honoro de Japano", sed amika kaj ĉiutaga rilato inter ili kaj la najbaroj.

Kial la "japano, kiu ŝirmis koreojn," ne estas iu el la supre menciitaj popolanoj, sed la policestro, por la anoj de *Studa grupo de historio en liberisma vidpunkto*? Mi suspektas, ĉu "Japanujo", kiun ili volas honori kaj defendi, estas "io" simboligata per la policestro, kiu kvietigis homamason perdintan la racion. (Antaŭ ĉio, protekti la vivojn de civiluloj estas la baza "ofico" de la polico.)

Tamen, kiam iu persono sola ekstaras kaj baras la amason da furiozaj japanoj por ŝirmi koreojn, la motoron oni ne nomas "honoro kiel japano", sed certe "fiero kiel homo". Ĉiam, kiam mi renkontas priskribon pri iu, kiu ŝirmis koreojn, mi sentas ke eĉ en la septembro ekzistis en japanoj tia, kia volis esti "homo". Certe, ankaŭ la policestro Ôkawa volis esti "homo" per ĝusta plenumo de sia ofica devo kiel policano.

Dum iu japano murdis koreon, alia japano ŝirmis koreon. Kia diferenco estis inter ili? Yamagisi Sigeru, kiu esploras la masakron kontraŭ koreoj, atentigis ke la japanoj, kiuj ŝirmis, havis konstantan kontakton kun koreoj en sia ĉiutaga vivmedio, eĉ se sur diskriminacia stato. Nome, la "ŝirmantoj" aperis el tiuj japanoj, kiuj havis homan rilaton kun iuj koreoj, sed neniam el tiuj, kiuj efektive ne havis okazon eĉ paroli kun koreoj.

La konkludo estas tute banala. Sed sur la dorso de tiu ĉi banala konkludo ni povas vidi, kio estas "krimo sur diskriminacio" (krimo, kies motivo estas diskrminacia sento).

La socio estas granda reto, kiu konsistas el ligoj de homoj. Tie funkcias diversaj negativaj fortoj, ekzemple regado, premado kaj diskriminacio. Sed dume ekzistas ankaŭ pozitivaj ligoj por helpi unu la alian, malgraŭ ke la negativaj fortoj deformigas la ligojn. Ja tiuj ĉi ligoj garantias nian ĉiutagan vivon.

La ligoj ekzistis eĉ inter koreoj kaj japanoj en la tempo de la Granda Tertremo, kvankam ili estis grave deformita de la strukturo de la japana kolonia regado. En la ĉiutaga vivmedio la ligoj estis iufoje inter kolegoj, alifoje inter negocisto kaj kliento, jen inter geamikoj, jen inter geedzoj.

Sed la masakrantoj traktis ĉiun individuan koreon kiel unu el amaso da "malamikoj", por ke oni facile perfortu koreojn. La perforto kontraŭ la individuoj, kiuj estas jen ies kolego jen ies amiko, estos pravigata kiel defenda ago fare de "ni, japanoj" kontraŭ la malamikoj. Sekve de la logiko, amaso da "ni, japanoj" sovaĝe invadis la vivmedion de homoj. Laŭ unu rakonto en la tempo de la katastrofo, iuj anoj de la Memdefenda Grupo perforte eniris domon kaj murdis la korean edzon antaŭ la okuloj de lia japana edzino. Tiu ĉi kazo videble montras la terurecon de krimo sur diskriminacio.

La krimo sur diskriminacio detruas la minimumajn malgrandajn ligojn, kiuj garantias nian ĉiutagan vivon. La ekzistoj de la homoj, kiuj devis riski sin por ŝirmi la ĝuste ĉiutagajn, malgrandajn reciprokajn fidojn inter homoj, montras al ni ja malvirtecon kaj severecon de la krimo, kiu subite invadis la vivmedion de homoj kaj instigis perforton kriante: "tiu ĉi estas koreo, tiu ĉi estas malamiko!"

Nu, ni rememoru la faktojn jam de ni forgesitan, ke, en la 90-aj jaroj, kiam oni avertis la dekstriĝon de la japana socio, la homoj, kiuj laŭte akcentis la "honoron de japano", laŭdis la policestron Ôkawa kiel heroon, ĉar li ŝirmis koreojn kontraŭ Memdefenda Grupo. La adorantoj de "honoro de japano" nun konsideras, ke la masakro estis "justa batalo kontraŭ aĉaj koreoj farita de Memdefendaj Grupoj". Ili nun laŭdas la Memdefendajn Grupojn kiel heroojn. Mi miras kun bedaŭro, ke jam la japana socio atingis serioze danĝeran nivelon.

"Soleco" de Akita Uzyaku

ŜTONIĜU, MALBELAJ SKELETOJ!

AKITA Uzyaku[*1] (1883–1962) estas konata kiel dramisto kaj fabelisto. Kiam okazis la Granda Tertremo en Kantô, li estis 40-jara. De kelkajn jarojn antaŭ la tertremego, li proksimiĝis al socialismo, kaj la humanisma stilo de liaj verkoj vekis intereson ĉe la publiko.

En la unua de septembro 1923, li estis en la gubernio Akita, [en la oriento-norda regiono de Japanujo], sed aŭdinte informon pri la tertremego, li tuj reiris al Tokio. En la 6a de septembro, li revenis sian hejmon en Zôsigaya. Sur la vojo li vidis, ke iu membro de Memdefenda Grupo fiere rakontas sian murdon, kaj ke la homamaso senkritike aŭskultas lin. Tio donis grandan ŝokon al Akita, kiu tenis amikecon kun multaj koreaj studentoj, kaj simpatiis al iliaj homeco kaj la deziro liberigi sian nacion. "Mi sentis solecon!" — li skribis la impreson, ke li estis izolita pro senesperiĝo al la japanoj.

En la aprilo de la sekva jaro, li publikigis la dramon "La danco de skeletoj". Per la dramo la aŭtoro arde kaj rekte esprimas sian indignon kontraŭ la masakro. Kaj ĝi fariĝis la ĉefverko el liaj dramoj.

La scenejo de la dramo estas la stacidomo N, kiu situas 150 riojn (proksimume 600 kilometrojn) norden de Tokio. La tempo estas malfrua nokto. La medicina tenda rifuĝejo por vunditoj. Ĝi estas plena de laciĝintaj kaj incititaj homoj.

[*1] Akita estis ankaŭ esperantisto. En la jaro 1914, li renkontis la rusan blindan verkiston kaj esperantiston Vasilij Eroŝenko, kaj jam la sekvan tagon eklernis Esperanton. Li fariĝis la unua prezidanto de Japana Prolet-Esperantista Unio en 1931, kaj prezidanto de la dua Japana Esperantista Asocio en 1948.

La ĉefrolulo estas junulo. Li neas la onidiron pri atako fare de koreoj, pri kiu maljunulo maltrankvile parolas. Kaj li sciigas la faktoj, ke inverse koreoj estas masakrataj. "Elkore mi abomenas japanojn. Mi iam opiniis, ke japanoj estas trankvilaj kaj homecaj nacianoj. Tamen, ili perfidis mian fidon per tiu ĉi afero," tamen li daŭrigis jene: "Mi senesperiĝis pri japanoj kiel nacianoj, sed ankoraŭ ne pri japanoj kiel homoj."

Post iom da tempo, membroj de la Memdefenda Grupo envenas en la tendon. Ili aspektas anakronismaj kaj groteskaj: ili estas vestitaj per kiraso kaj kasko, samuraja bataljako, aŭ uniformo de rezervsoldato, kaj tenas ĉe la manoj lancon aŭ glavon. La memdefendantoj insistas, ke koreo kaŝas sin en la tendo. Ili baldaŭ trovas junan viron, kiu kaŝas sin malantaŭ la junulo kaj la maljunulo. "Mi nenion faris." "Mi estas japano." — la viro intense neas ilian suspekton, sed li ne povas respondi, kiam ili demandas lin pri lia naskiĝjaro en la japana erao. La memdefendantoj moke ridas imitante la parolmanieron de la terurita viro.

Tiam la junulo, nome la ĉefrolulo, protestas kontraŭ ili: "Ĉesu! Pro kia rajto vi pridemandas lin?" Lia oratoraĵo, kiu sekvas en la sceno, estas la krio de la aŭtoro Akita Uzyaku mem.

> Kiraso kaj kasko, bataljako, ĵuda trejnvesto— Ĉu vi ne havas iun alian veston por vesti sin? […]
> Kiel vi diras, tiu ĉi homo povas esti koreo.
> Tamen, koreoj ne estas viaj malamikoj.
> Japanoj, japanoj, japanoj... Kion japanoj faris al vi?
> Tiuj, kiuj suferigas japanojn, estas ne koreoj, sed japanoj mem!
> Ĉu vi ne komprenas tiel facilan fakton?
> […]
> Li eble havas malamikojn, tamen ili ne estas vi.
> Vi ne komprenas. Nenion vi scias. Pri nenio oni informis vin. Kaj vi ne volas scii.
> Viaj kolegoj murdis liajn geamikojn. Viaj kolegoj senkaŭze murdis la

homojn, kiuj ne havis kulpon nek armilon, kaj kiuj estis obeemaj kaj senmalicaj kiel folioj!
[...]
Ja, li estas vera homo! Sed kio vi estas?
Vi posedas nenion krom ŝimplena mortinta moralo.
Viaj kiraso, kasko kaj bataljako ŝajne estas valoraj kiel kuriozaj antikvaĵoj.
Sed kiom ili valoras por vivantaj homoj?
Se en viaj koroj fluus sango, vi nepre bezonus vian propran vestaĵon.
Demetu la kirason kaj kaskon! Demetu la bataljakon!
Vi estas senvivaj marionetoj! Vakaigintaj kadavroj!
Mumioj! Skeletoj!

La membroj de la Memdefenda Grupo ĵetis akre malaman rigardon al la junulo, kiu arde protestas. "Ribelema japano..." "Komunisto..." "Danĝera ulo..." "Mortigu la du!" La maljunulo konfuziĝas, kaj la virinoj ploregas. Kaoso regas en la tendo. Antaŭ la memdefendantoj proksimiĝantaj paŝon post paŝo al ili, la junulo prenas la manon de la korea juna viro kaj daŭrigas:

Kiom da centoj, kiom da miloj da homoj,
de antaŭ kiom da centoj, kiom da miloj da jaroj,
estas murditaj pro siaj amataj popolanoj?
Ni ne naskiĝis por flati stultajn popolanojn, sed por batali kaj morti!
Ni mortu por justeco kaj amikeco—
[...]
La nova mistero!
kiu naskiĝis por la unuiĝo de forto kaj amikeco de la nova homaro!
Bolu ŝpruce, kaj forviŝu la senanimajn, malbelajn, virtualajn ŝimojn!
Forigu la maskon, de la malpura falso de la kulto al prapatroj, de la heroismo kaj de la naciismo,
kaj dancigu ilin en la danco de malbelaj skeletoj.

Orkestro, atendu dum kelke da tempo.
Ŝtoniĝu, malbelaj skeletoj!
Ŝtoniĝu, malbelaj skeletoj!

Apenaŭ la junulo kriis, la uloj en kiraso, en bataljako, aŭ kun kaprubando ŝtoniĝas en la momento, kiam ili levas sian armilon. La junulo aldone ordonas: "Skeletoj, ekdancu!" La ŝtoniĝintaj uloj fariĝas skeletoj, kaj arde ekdancas kun muziko. Ili laŭgrade konsumiĝas. Akraj ridoj sonas de la ekstremoj de la scenejo.

Mortintaj homoj, mi dankas vian ridon!
Orkestro, ludu adiaŭan rondelon—
Malbelaj skeletoj, malaperu dancante!

La skeletoj rompiĝas je la artikoj, kaj falas sur la teron. La scenejon momente kovras profunda mallumo. Kiam denove lumiĝas, virinoj ploretas en la tendo. Flegistino en ĉagreno malfermas la buŝon: "Bedaŭrinde, sed, jam..."
Tiel la dramo finiĝas aludante la mortojn de la du junuloj.

Akita Uzyaku publikigis sian eseon pri la masakro, en la ĵurnalo Yomiuri, jam en novembro 1923. Li atentigis en la eseo kun la titolo "La moralo de nacia liberigo", ke en Japanujo, "kiu starigis sian pozicion kiel ŝtato per militoj," la krueleco vidata en la Memdefendaj Grupoj "havas econ de moralo". Kaj li opiniis, ke japanoj devas liberigi sin de "la nacia moralo", kaj progresi al la "vera, vasta, libera kaj nova moralo" kaj al "vivo en kunekzisto de la homaro". Li avertis:

"Se japanoj plu tenos aŭ flikos tiel nomatan Nacian Edukon aŭ Nacian Spiriton, supozeble ni multajn fojojn montros nian naŭzan kruelecon, kaj fine perdos eĉ bonan karakteron, kiun la nacio havas."

Akita klare travidis tra la perforto de la Memdefendaj Grupoj la estontecon de Japanujo.

La alia vizaĝo de japanoj, kiun vidis Orikuti Sinobu

ĈU VI SCIAS, KIUN VI MORTIGIS?

De post kiam mi spertis la tempon,
kiam homoj en mia lando fariĝis sovaĝaj,
eĉ belaspektajn virinojn
mi jam ne povas fidi.[*1]

Okaze de la Granda Tertremo en la jaro Taisyô 12 (1923), en la vespero de la 4a de septembro, tra tio ĉi (la pordegon de la templo Zôzyô-zi), mi iris en la direkto al Sitaya kaj Nezu. Sur la vojo, homoj, kiuj nomis sian grupon Memdefenda Grupo, sieĝis min minacante per nudaj glavoj. Mi neniam forgesis ilian mienon. Mi rememoris ĝin en la tempo de la milito. Kaj ankaŭ post la milito. Mi iam pensis, ke japanoj estas nacianoj, kiuj ĝuas pacan vivon. Sed, tuj post kiam okazis la granda afero, ili fariĝis tiel kruelaj. De post kiam mi spertis tiun tempon, mi neniam povas fidi eĉ belaspektajn virinojn en mia lando, kiel ajn ili allogas min.[1]

Tio ĉi estas vortoj de ORIKUTI Sinobu (1887–1953) en siaj lastaj jaroj.
Orikuti estis persono, kiu agadis en la multaj kampoj: japana literaturo,

---

[1] Ekspriko fare de la aŭtoro Orikuti Sinobu pri liaj poemoj, el *Nihon kindai bungaku-taikê 46-kan Orikuti Sinobu-syû* (La Japana Moderna Literatura Kolekto volumo 46, la verkaro de Orikuti Sinobu)

[*1] La originala poemo havas versan ritmon, sed ĉi tie ĝi estas esperantigita en proza formo.

folkloro, poemoj kaj noveloj. Li nomis sin Syaku Tyôkû kiel poeto. Tamen, interalie la studo pri japana folkloro elstaras el lia tuta laboro.

La plej fame konata ideo en lia studo pri folkloro estas la teorio pri Rar-ulo (*Marebito*).

Yanagita Kunio vidis originon de la japanaj dioj en kulto al prapatroj, kiuj garantias unuecon de la komunumo. Kontraste al tio, Orikuti pensis, ke la origino de la dioj estas kredo je la fremdulo, Dio Rar-ulo: ĝi venas el iu fora, fremda regiono aŭ mondo ekster la komunumo, kaj alportas feliĉon. Eksciinte, ke en Okinavo ankoraŭ restas la kredo je Nirai Kanai, la fremda mondo trans la maro, kaj la festo Akamata Kuromata, ke la rarulo en fremda vestaĵo vizitas la vilaĝon, Orikuti dufoje vizitis Okinavon kaj faris esploron.

Kiam venis la tago, la unua de septembro 1923, Orikuti estis en la haveno Mozi, en la urbo Kita-Kyûsyû. Li estis sur la vojo al sia hejmo, post lia dua vojaĝo en Okinavo. En la nokto de la 3a, li surteriĝis ĉe Jokohamo; en la 4a, li piediris ekde la tagmezo ĝis la nokto, kaj finfine li atingis sian hejmon en Yanaka-Simizu-tyô (la nuna areo Ikenohata), Tokio.

Sur la vojo, li hazarde vidis "abomenegajn, kruelajn diversajn figurojn". Vidante la sadisman konduton de la memdefendantoj li "profunde sentis la diablecon kaj brutecon de homoj. La sento restis ĉe li dum tri monatoj aŭ duonjaro". Estis la vespero en tiu ĉi tago, kiam li mem estis sieĝita de membroj de la Memdefenda Grupo antaŭ la pordego de la templo Zôzyô-zi. Li sentis, ke li vidis novan vizaĝon de la homoj en lia lando, kiun li neniam vidis antaŭe.

Orikuti profunde sentis, ke li neniam povos esprimi tiun ĉi ŝokon per la japana klasika poemo, kies stilo estas en "glata ritmo". Kaj li kreis la stilon de kvarlinia poemo, kaj per tio verkis sian poemaron *Suna-Keburi* (Sabla fumo)[2], kiu konsistas el dek-kelkaj strofoj, en kiuj li priversis per malglata maniero la urbon Tokio, kiun li vidis tuj post la katastrofo.

Venis nokto—
Revenis nokto kun kandeloj kaj onidiroj.
    Ni iru trenante feran bastonon sur la senluma strato

por nokta gardado

Aminda infano—
    vipis sur larĝa strato.
    La sono—
    ĝi vipis la kadavron de ribelema submetito[3]—

Ĉu vi scias, kiun vi mortigis
    en la nomo de lia moŝto?—
    Terura magia formulo.
    Vivu, lia moŝto! Vivu!

La poeto demandas: "Ĉu vi scias, kiun vi mortigis en la nomo de Tennô?"
    Enigma estas la demando pri "kiun".
    Kiu estis mortigita en la tempo? Kio estis mortigita?

---

2   La citaĵo de *Suna-Keburi* estas prenita el la unua versio. Orikuti poste kelkfoje modifis la poemon, okaze de la kunordigado de la seriaj poemoj. Ekzemple, la fina parto en la citaĵo ŝanĝiĝis al la jeno: "Ĉu vi scias, kiun vi mortigis / en la nobla /majesta nomo?— / Terura magia formulo. / Vivu! / Vivu!"

3   La vorto "submetito(j)" montras koreojn. En tiu tempo la vorto estis uzata en la senco de la homoj "submetitaj" al Japanujo pro tio, ke Japanujo aneksis Koreujon.

Kaŝita vorto de Akutagawa Ryûnosuke

Plezuri ĉe masakro estas nepardoneble

Mi estas obeema civilulo. Sed, laŭ mia opinio, la obeemo mankas al Kikuti Kan.

Post la proklamo de la Sieĝostato, kun cigaredo en la buŝo mi babilis kun Kikuti. La babilo tamen temis nur pri la tertremo. Baldaŭ mi diris, ke laŭ onidiro, la kaŭzo de la fajrego estis ……[1]. Kun levita brovo li muĝis: "Kara, tio estas falsa informo!" Ĉar li diris tiel, kompreneble mi ne povis ne diri: "Do, tio certe estas falsa."

Sed baldaŭ mi refoje diris, ke laŭ onidiro, …… estas spionoj de bolŝevistoj. Kikuti levis sian brovon kaj muĝis: "Kara, tio estas falsa informo. Nur ridindaĵo!" "Ehe, ankaŭ tio estas falsa," mi ankoraŭfoje tuj retiris mian penson.

Denove laŭ mia opinio, la obeema civilulo estas tiu, kiu kredas la ekziston de intrigo de bolŝevistoj kaj ……. Eĉ se li ne kredas tion, li devas almenaŭ ŝajnigi per sia mieno, ke li kredas. Sed sovaĝa Kikuti Kan nek kredas, nek ŝajnigas sin tia. Ni devas konsideri, ke li tute rezignis esti obeema civilulo. Mi, obeema civilulo kaj samtempe membro de la kuraĝa Memdefenda Grupo, ne povas ne bedaŭri por Kikuti.

Ĉiuokaze, por fariĝi obeema civilulo — necesas granda peno.[2]

Akutagawa Ryûnosuke (1892–1927) estis en sia hejmo en la urbo Tabata, Tokio, en la tempo de la Granda Tertremo, kaj li partoprenis en la Memdefenda Grupo organizita de la urba asembleo. Ne estas konate, kian aferon li tiam spertis. Ĉar ne restas registraĵo pri murdo kontraŭ koreoj ĉirkaŭ la areo, supozeble li ne renkontis grandan aferon.

Per unufojo da tralegado de la teksto, oni tuj komprenos, ke la aŭtoro Akutagawa, kiu fariĝis membro de la Memdefenda Grupo, donas al si la rolon de mokinda ulo. Li sarkasme traktis la tiaman atmosferon, katenintan ĉiujn, en kiu ĉirkulis la onidiroj pri la ribelo de koreoj, kaj tiel li laŭdis sian intiman amikon KIKUTI Kan (1888–1948), kiu ne estis influata de la atmosfero.

Tamen troviĝas iu, kiu interpretas la tekston tute male. La verkisto KUDÔ Miyoko (1950–) eksplikas la tekston en sia libro *La vero de la "masakro kontraŭ koreoj" okaze de la Granda Tertremo en Kantô* (2009) jene:

"Akutagawa Ryûnosuke verŝajne supozis, ke la kaŭzo de la fajrego estis incendio de koreoj." "Sendube, Akutagawa Ryûnosuke sinmortigis pro la indigno kontraŭ Kikuti Kan." "Oni ne povas klare kompreni la eraon Taisyô, sen scii tion, ke tiam homoj, inkluzive Akutagawa, konsideris ke la situacio ĉirkaŭ Japanujo estas kriza, ĉar komunismo estis evoluanta kaj suden disetendiĝanta."

Koncize dirite, ŝi diras, ke Akutagawa kredis la ekziston de ribelo de koreoj, sed ĉar lia opinio estis neita de Kikuti, pro indigno li mortigis sin kvar jarojn poste.

Mi perdas vortojn pro la stulteco de la aserto. Kikuti Kan estas konata kiel dumviva intima amiko de Akutagawa. Unu el la ses testamentoj de Akutagawa estis adresita al Kikuti. Kaj krome, en la funebra ceremonio de Akutagawa, Kikuti voĉlegis la lastan saluton reprezentante la amikaron. Kaj, kiel ĉiuj scias, la Premio Akutagawa (novela premio) estis fondita de ja Kikuti Kan. La aserto de Kudô — ke la kaŭzo de la sinmortigo de Akutagawa estis indigno kontraŭ Kikuti; ke Akutagawa konsideris "la disetendiĝon de komunismo al la sudo" kiel krizon de Japanujo, k.a. — estas revolucie stranga opinio, kiu alportos grandan ŝanĝiĝon al la historio de la japana moderna

---

1   La tripunktoj estas literoj kaŝitaj pro cenzuro. Supozeble la unua estis "incendio de ribelemaj koreoj", kaj la dua kaj tria estis "ribelemaj koreoj".
2   Akutagawa Ryûnosuke: "Okaze de la Granda Tertremo, en la unua de septembro, Taisyô 12", septembro 1923.

literaturo. Tamen neniom da pruvo ŝi montris.

Komprenebe, leganto kun averaĝa leg-povo certe trovas ironion en la frazo: "Eĉ se li ne kredas tion, li devas almenaŭ ŝajnigi per sia mieno, ke li kredas." Ĉu Kudô facilanime kredos tiun vere mensogulo, se iu diras pri si: "Mi estas mensogulo."?

Aldone, la libro insistas, ke la afero post la Granda Tertremo ne estis masakro kontraŭ koreoj, sed estis defenda atako farita de la Memdefendaj Grupoj kaj la armeo kontraŭ teroristaj grupoj, kiuj efektive ribelis tiam. Mi ne plu mencios la enhavon de la libro, sed la insisto estas same stulta kiel la opinioj ke: "Apollo 11 ne atingis la lunon." aŭ "Elvis Presley ankoraŭ vivas." Estas tamen fakto, ke interrete disvastiĝas la neado de la masakro kontraŭ koreoj. La preskaŭ nur unu sola fonto de la neado estas tiu ĉi ridinde stulta libro. Kaj mi atentigas la kulpon de la fi-fama Ĵurnalo Sankei, kiu eldonis tiun ĉi libron, kies pruvoj estis prenitaj nur el falsaj informoj aperintaj sur ĵurnaloj tuj post la katastrofo.

Akutagawa montras sian penson pri la masakro kontraŭ koreoj fare de la Memdefenda Grupo, en la mallonga eseo "Vortoj de unu membro de la Memdefenda Grupo" en la esearo *Vortoj de malgrandulo,* kiu estis serie publikigata en la revuo Bungê Syunzyû.

"Nu, mi iru por memdefenda agado en mia destinita loko." Tiel komenciĝas la eseo, kiu estas monologo de unu memdefendanto en malfrua nokto. La memdefendanto certe estas Akutagawa mem, kiu gardostaris en Tabata. Li laŭdas birdojn, kiuj kviete dormas sen zorgo pri morgaŭo. Kontraste al tio, homoj suferas nur pro la perdoj de vestaĵo, nutraĵo kaj loĝejo, kaŭzitaj de tertremo. Ni pentas la pasintecon, kaj timas la estontecon. "Kia mizera vivaĵo," li ĝermas kaj daŭrigas:

Kaj Schopenhauer diris, — nu, ni ĉesu filozofii. Ĉiuokaze, almenaŭ estas certe, ke ni ne estas multe malsamaj ol tie svarmantaj formikoj[*1]. Se almenaŭ tio estas certa, ni devas multe pli estimi ĉion de homeca sento. La naturo faras nenion krom rigardi nian suferon. Ni devas simpatii unu la alian. Plezuri ĉe masakro, certe, estas nepardoneble — kvankam strangoli alian estas pli facile ol venki alian en diskuto.

Ni devas simpatii unu la alian. Verŝajne tio ĉi estis la instruaĵo, kiun la pesimismo de Schopenhauer donacis al ni.³

Jam estas evidente, kiel Akutagawa pensis pri la fakto de la masakro kontraŭ koreoj.

Aldone, la personecon de Akutagawa oni ofte nomas arto-por-artismo, tamen laŭ la studanto Sekiguti Yasuyosi (emerita profesoro de la universitato Turu), dum la tuta vivo li profunde interesiĝis pri la reala socio. Precipe post la malfruaj 10-aj jaroj, li havis intereson pri socialismo. Li skribis eĉ ke "Socialismo ne estas afero, pri kiu oni demandas ĉu ĝi estu aŭ ne, sed simple unu natura rezulto."

Akutagawa ĵetis rigardon ankaŭ al la situacio de Orienta Azio. Li vizitis Ĉinujon du jarojn antaŭ la tertremego, kaj vidis la reziston ondon kontraŭ Japanujo, kiu kreskis de post la Movado en la Kvara de Majo.

Kaj krome, Akutagawa verkis la noveleton *Momotarô* en la sekva jaro de la tertremego, stimulite de la eldiro de la revoluciisto Zhāng Bǐnglín (1868–1936): "La plej abomeninda japano por mi estas Momotarô (heroo de japana fabelo)*², kiu agresis la insulon de ogroj." La novelo de Akutagawa estas plena de nigra humuro, en kiu la junulo Momotarô kaj lia bando agresas la pacan

---

3   Akutagawa Ryûnosuke: "Vortoj de malgrandulo", novembro 1923.

*1 En la antaŭa alineo la aŭtoro skribas: "Se feliĉo signifas nur mankon de sufero, formikoj estas multe pli feliĉaj ol ni. Sed ni, homoj, scias plezuron, kiun formikoj ne scias. Formikoj ne havas la timon, ke ili mortigus sin pro bankroto aŭ pro perdo de la amo. Tamen, ĉu ili povas havi gajan esperon same kiel ni?"

*2 Momotarô estas la titolo de japana tradicia fabelo kaj la nomo de ties heroo. Momotarô, kiu naskiĝis el persiko, akompanigis tri bestojn: hundon, simion kaj fazanon, kaj iris al la insulo de ogroj por puni ilin. Fine, ili konkeris monton da trezoroj.

vilaĝon de ogroj, senhezite masakras, rabas, kaj perfortas virinojn, svingante ventumilon, sur kiu desegnita ruĝa suno de la japana flago. Ĝi estas la unua novelo, en kiu Momotarô estas priskribita kiel invadanto. Cetere, ankaŭ estas la novelo "La generalo", en kiu priskribita estas scenejo de la masakro kontraŭ ĉinaj militkaptitoj fare de la japana armeo.

La noveloj bone sciigas al ni, kiel Akutagawa rigardis la imperiismon kaj koloniismon de la tiama Japanujo. Almenaŭ estas certe, ke li ne estis tiel stulta persono, kiu mortigas sin pro indigno kontraŭ "la disetendiĝo de komunismo al la sudo" aŭ kontraŭ la ribelo de "ribelemaj koreoj", kiu efektive nenie okazis.

La deputito, kiu oponis al aŭtoritato, Tabuti Toyokiti

Indigno de "Senpartiulo"

Mi estas tiu, kiu havas grandajn indignon kaj malĝojon. La ministroj de la kabineto neniam raportis al la sankta parlamento la plej malĝojigan grandan aferon kontraŭ humaneco. Kaj vi, kiuj devus esti sanktaj, ne menciis tiun ĉi aferon eĉ per unu vorto. Temas pri la murdaj aferoj kontraŭ koreoj. [...]

Ĉu vi ignoras la grandan aferon, en kiu pli ol 1000 homoj estis murditaj? Ĉu vi pensas, ke tio ne estas problemo, ĉar murditaj estas koreoj? Se ni faras pekon, ni devas pardonpeti. Tio estas moralo por ni, homoj. [...]

Mi opinias, ke ni, japanoj, devas pardonpeti al koreoj, kaj kompensi ilin per materialaj helpoj; se ne, mi pensas, ke nia koro ne povas fariĝi trankvila. (Aplaŭdo) [...]

Ni devas ankaŭ konsideri kiel helpi al la familioj de la viktimoj. Ĉu ne estas la ordo, ke unue ni pardonpetus al koreoj antaŭ ol telegrafe sendi dankon (pri kontribuo post la tertremo) al ĉiu lando, kaj antaŭ ol ni, la Ĉambro de Deputitoj, manifestis dankon al la landoj en la ĵus pasinta tago?[1]

Tabuti Toyokiti (1882–1943) naskiĝis en la urbo Gobô, la gubernio Wakayama. Post la diplomiĝo de la universitato Waseda, li studis politikon

[1] Demando de la deputito Tabuti Toyokiti en la parlamento, la 14a de decembro 1923, el *La historia dokumentaro de la japanaj instancoj pri la masakro kontraŭ koreoj*

kaj filozofion en diversaj lokoj de Eŭropo. Li estis elektita kiel deputito en la jaro 1920, tamen li rifuzis aparteni al iu ajn partioj, kaj restis senpartia dum la tuta vivo, por ke li povu "senkaŝe esprimi ĉion, kion li volas, eĉ se li izoliĝos." ² Baldaŭ li fariĝis populara deputito per siaj lertaj demandoj kaj akraj kritikoj sur la starpunkto de liberalismo. Cetere, li ofte faris komikan konduton, pro tio amaskomunikiloj kun favoro nomis lin "Mistikulo Tabuti".

La 14a de decembro 1923. En tiu ĉi tago, lia demando temis pri rekonstruado post la Granda Tertremo. En la posta duono de la tempo por la demando, kiam li menciis la masakron kontraŭ koreoj, en la parlamenta salono regis profunda silento. Tamen, lia honesta apelacio verŝajne atingis la koron de la deputitoj. Eĉ aplaŭdo kelkfoje okazis kiel en la supra citaĵo.

La komiksisto OKAMOTO Ippei (1886–1948) priskribis en ĵurnalo, pri Tabuti en tiu tago: "La libereco estis ja konduto de senpartiulo. Lia parolado ŝajnis tro elokventa, sed havis honestecon, kiu kortuŝis ĉiujn en la parlamenta salono. Tial li ne ricevis interrompajn kriojn de la aŭskultantoj." Okamoto ankaŭ diris, ke Tabuti "kvazaŭ akirus alian personecon post la katastrofo". "Granda indigno kaj malĝojo" donis al li neordinaran vervon.

Sed, la respondo de la ĉefministro YAMAMOTO Gonbê al la demando estis tre apatia.

"Ĵus venis al mi la opinioj kaj demandoj de s-ro Tabuti, kiuj estis fervoraj kaj noblaj rilate al diversaj kampoj. Mi komprenas la neceson konvene respondi al ili. Tamen, ĉiuokaze, la temo estas tre ampleksa, tial mi petas permeson, ke mi post konsidero respondos en alia tago."

Nome, li diris, ke li respondos post profunda konsidero.

En la 15a de decembro, lia amiko NAGAI Ryûtarô (1881–1944), diplomita de la universitato Waseda same kiel Tabuti, pafis la duan sagon per demando pri la respondeco de la registaro. La anonco pri la "incendio de koreoj" sendita de la estro de la Polica Buroo, Gotô Humio, kiun mi menciis en la artikolo "Kiam polico kredas senbazan onidiron", estis malkovrita de Nagai en tiu ĉi tempo. Sed, la registaro ne respondis ankaŭ al la demando.

Tabuti tamen ne rezignis. En la 23a de decembro, la lasta tago de la parlamento, li supreniris ĝis la podio de la prezidanto kaj plendis, ke la registaro ankoraŭ ne faris la "respondon post profunda konsidero", kaj okazis tumulto en la parlamento. Pro la afero, poste li ricevis punon de la parlamento.

Senkonsidere al la politika starpunkto, el diversaj sociaj kampoj venis kritikaj voĉoj al la registaro, kiu akuzis la Memdefendajn Grupojn sed ne agnoskis la respondecon de la polico, nek de la armeo. La voĉoj venis ekzemple de la maldekstreca Huse Tatuzi (1880–1953), kiu apartenis al la Liberalisma Adovokataro (Ziyû-hôsô-dan), ankaŭ de la dekstreca Uesugi Sinkiti (1878–1929), kiu estis studanto de la konstitucio el la vidpunkto de ultranaciismo, nome tennô-ismo. La registaro ne traktis la kritikojn serioze, sed prenis rimedon malpezigi la punojn al la memdefendantoj. Ekzemple, efektive punitaj estis nur kelkaj el la akuzitoj de la afero okazinta en Kumagaya, en kiu maksimume 80 homoj estis murditaj. La verdikto estis tri jaroj da punlaboro, en la plej severa okazo.

La "respondo", kiun Tabuti postulis, estis plu pendata.

Tabuti daŭre faris akrajn demandojn poste, kiuj multe turmentis ne nur la registaron sed ankaŭ la opozician partion. Plej menciinde estas, ke per sia parolado en la parlamento li el-sekretigis la fakton de la "murdo de Zhāng Zuòlín per bombo". Tiam granda konfuzo regis en la salono. En 1932, unu jaron post la Mukden-incidento (aŭ Manĉuria Incidento), la modifo de la leĝo por parlamento rabis de li eĉ ŝancon oficiale fari demandojn sur la podio, ĉar li ne apartenis al iu ajn partio. Li daŭris sian proteston per mallongaj krioj. En 1941 li avertis per krio al la ĉefministro Tôzyô Hideki (1884–1948), ke li "nepre evitu militon (kontraŭ Usono)". Post la komenciĝo de la milito, li tondre kriis al la deputitoj, kiuj senkritike postsekvis la ĉefministron, ke "blinda obeo kondukos Japanujon al pereo". Estis ne malofte, ke la prezidanto pelis lin el la parlamenta salono. Li havis entuziasmajn subtenantojn, kiujn oni nomis "anoj de Sekto Tabuti", sed li malsukcesis en la elekto en 1942, ĉar

2 Yamamoto Kyôsuke: *Socia kritikanto Tabuti Toyokiti*

tiam la elekton regis la granda tutnacia partio nomata Societo por Subteno al Tennô-a Regado[*1]. Li sola ne povis venki ĝin. Kaj en la sekva jaro, li forpasis june en la aĝo de 60.

La historiisto KOYAMA Hitosi faris komenton pri Tabuti, ke "li koncentris la tutan energion al siaj vortoj, kiuj estis registritaj sur la protokolojn, por ke ili havu eternan vivon." Li rezignis ŝanĝi la politikon per partia forto, sed pafis justajn kaj honestajn vortojn al la politika mondo. Tio povas esti por li la signifo de "senpartieco". Li estis kurioza parlamentano, kaj pro lia ekzisto nia demokratio povis heredi la valorajn vortojn eldiritajn en la 14a de decembro 1923 kaj registritajn sur la protokolon.

La movado por postuli "respondon" de la registaro tamen ne finiĝis.

En la jaro 2003, 80 jarojn post la afero, *Nihon Bengosi Rengô-kai* (la Japana Federacio de Advokataj Asocioj) akceptis la peton de Mun Museon, kiun oni nomis la lasta vivanta atestanto pri la masakro kontraŭ koreoj. La federacio konfirmis la respondecon de la japana ŝtato pri la masakro kontraŭ koreoj kaj ĉinoj post la Granda Tertremo en Kantô. Kaj ĝi faris admonon al la japana registaro rilate al la atenco kontraŭ homaj rajtoj, ke la registaro oficiale pardonpetu al la familioj de la viktimoj, kaj esploru la kaŝitan faktojn de la masakro. En 2010, la movado "Societo por postuli de la japana ŝtato akcepti sian respondecon pri la masakro kontraŭ koreoj post la Granda Tertremo" esits fondita sub la iniciato de la prezidantoj: Kang Tŏk-sang, Yamada Syôzi (emerita profesoro de la universitato Rikkyô) kaj aliaj.[3]

La vortoj de Tabuti, kiu ne estis katenita de partio, sonas eĉ hodiaŭ, 90 jarojn poste.

[*1] Superpartia kaj hegemonia politika asocio, kiu estis fondita en 1940 kaj ekzistis ĝis 1945.

[3] *Kantô Daisinsai Tyôsenzin Gyakusatu no kokka-sekinin o tou kai (japane)* (http://www.shinsai-toukai.com/)

Perspektive 1

Kial okazis la masakro?

Ĝis ĉi tie ni vidis, kio okazis en la septembro antaŭ 90 jaroj, en diversaj lokoj ĉefe el Tokio. La celo de la libro ne estas ekspliki la aferon sub ĝenerala perspektivo, sed resperti tion, kion koreoj, japanoj kaj ĉinoj vidis surstrate.

Tamen, supozeble ĉe multaj restas la demando: Kial okazis tia afero?

Mi cedas superrigardan eksplikon al studlibroj de fakuloj. Ĉi tie mi skribu, kion mi komprenis per la legado de la vortoj de homoj, kiuj propraokule vidis la masakron kontraŭ koreoj, kaj per miaj vizitoj al la lokoj 90 jarojn post la masakro.

La unua temo: Kie kaj kial naskiĝis la onidiroj, ke "koreoj okazigis ribelon" aŭ "koreoj venenas putojn"?

Pri tio la tiama aŭtoritataro esploris, kaj longatempe daŭras la diskuto inter studantoj, sed oni ankoraŭ ne povas konkludi.

Krom onidiroj pri koreoj, troviĝis diversaj specoj, kiuj cirkulis tuj post la katastrofo. Ekzemple, "refoje okazos tertremo hodiaŭ je la 3a ptm," "eksplodos la monto Huzi," "eŭropanoj okazigis la tertremon per maŝino," ktp. En iu onidiro, la ĉefroluloj de "ribelo" estis ne koreoj, sed oomotanoj[*1].

Tamen, la plej influhava estis la onidiro pri ribelo de koreoj. Ĉu koreoj estis elektitaj kiel viktimoj, al kiuj japanoj ĵetis siajn ŝokon, teruron kaj koleron, kaŭzitajn de la abrupta tertremego kaj fajro, kiuj forprenis ĉion de ili? Kiel mi jam prezentis, "La dokumentaro de rakontoj fare de geknaboj pri la masakro kontraŭ koreoj" konsistas el verkoj de geknaboj. En tiu ĉi libro troviĝas epizodo, ke iu viro staras ĉe la bruldifektita ponto kun tranĉilo en

[*1] Kredantoj de la religio Oomoto.

la mano, kaj pridemandas iun ajn preterpasanton. Li krias: "Certe vi murdis mian idon. Redonu al mi!"

Sed, ne estis hazarda afero, ke koreoj estis elektitaj kiel la celobjektoj, al kiuj oni ĵetis tian fortan senton.

En la fono de la afero nestis diskriminaciaj sentoj de japanoj kontraŭ koreoj. (Rememoru la sintenon de la bank-oficisto en la Parko Ueno.) La sentoj fontis el la japana koloniado de Koreujo. Japanoj havis peksenton kaj timon, ke iam koreoj venĝos la kolonian staton kontraŭ japanoj, pro la Naciliberiga Movado en la Unua de Marto, kiu okazis kvar jarojn antaŭ la tertremego. Tiaj sentoj naskis diskriminaciajn sintenojn, kaj japanoj traktis koreojn, efektive vivantajn ĉirkaŭ ili, kiel "bestojn". La atakoj naskitaj pro troa memdefendemo groteske kreskis al la sadismaj perfortoj kontraŭ la "bestoj".

Sed, la kruelaĵoj ne povus okazi tiel grandskale nur pro diskriminaciaj sentoj de la popolanoj. Tiuj, kiuj grandigis kaj seriozigis la situacion, estis la agadoj de la polico kaj de la armeo. Por la homoj, kiuj respondecis pri publika ordo, sub la ministro de Internaj Aferoj, MIZUNO Rentarô, la plej timinda afero estis ribelo kontraŭ la registaro, post kiam ili propraokule vidis la ruiniĝantan Tokion pro la tertremego kaj fajro. Krome, ĉar ilia ĉefa laboro estis subpremi la naciliberigan movadon, iliaj diskriminacia sento kaj malamo kontraŭ koreoj estis multe pli fortaj, ol tiuj de ordinaraj japanoj. Tial, kiel ni jam vidis, kelkaj policanoj kaj burokratoj facilanime kredis kaj disvastigis la onidirojn. Kaj tiel la imago reiris de la administra centro al la aktualaj lokoj de masakro.

Uesugi Sinkiti, fame konata kiel dekstra studanto de la konstitucia juro, skribis: "Ĉar la multaj civitanoj propraokule vidis, ne kontestebla estas la fakto, ke la tumulton en la tuta regiono Kantô kaŭzis la polico kaj policanoj per propagandoj utiligantaj aŭtojn, afiŝojn kaj fanfaronadojn de babilemuloj." Verŝajne tio estis tiam bone konata. Post la 20a de oktobro, kiam la registaro permesis al amaskomunikiloj trakti la koreajn aferojn, ĉiuj ĵurnaloj riproĉis pri la respondeco de la aŭtoritatularo, ke "la polico stimulis memdefendantojn", aŭ ke "grave respondecas la ministro pri Internaj Aferoj", ktp. En la ĵurnalo

Tôkyô Niti-Niti Sinbun en la 22a de oktobro 1923, la redakcio prezentis jenan leteron de leganto:

"Mi volas fari demandon al la policestro en Mita. En la nokto de la 2a de septembro, ni ricevis de via subulo averton pri atako de …, kaj pro via atentigo, ni organizis la Memdefendan Grupon. Tiam ni ricevis de vi la ordonon: 'Se vi vidos …, tuj konduku tiun al la policejo. Se tiu rezistos, vi povos tiun ….'" (La tripunktoj montras, ke la koncernaj literoj estis kaŝitaj.)

Al la riproĉoj kontraŭ la polico, Syôriki Matutarô, kiu estis la direktoro de sekretariejo de la Policprefektejo en la tempo de la Granda Tertremo, publikigis komenton en la ĵurnalo Yomiuri en la 21a de oktobro, ke "la Policprefektejo faris kiel eble plej grandan klopodon, sed la unuopaj homoj organizis Memdefendan Grupon kaj gardis preninte armilon. Kaj, mi tre bedaŭras, ke sinsekve okazis tiaj aferoj pro tio, ke ili facilanime kredis la senbazan onidiron. Estas absoluta mensogo, ke la polico stimulis ilin". Tamen, kiel ni jam vidis, poste li agnoskis sian "eraron".

Estas evidente, ke la konfirmo farita de la polico kaj Ministerio pri Internaj Aferoj stimulis la masakron fare de Memdefendaj Grupoj, kaj disvastigis la kruelaĵon en la tuta regiono Kantô.

Ankaŭ la armeo, kiu akiris grandan potencon en la Sieĝostato, rolis kiel akcelilo de la persekutado. En *La kajero de Kubono,* kiun mi prezentis en la artikolo "Wan Xitian, senspura dum 70 jaroj", troviĝas jenaj frazoj:

"Apenaŭ alvenis la armeo, membroj de la Rezervsoldata Societo faris la kruelaĵon. Ili hakmortigis koreojn sur strato aŭ ie ajn, kaj ĵetis la kadavrojn en la riveron. Kiom ni vidis, estis dudekopo, kvaropo kaj okopo da koreoj, kaj ĉiuj estis hakmortigitaj fare de lokaj civiluloj."

La alveno de la impone ekipita armeo igis homojn kredi, ke vere okazas milito, kaj multe pli forte instigis ilin al atako kontraŭ koreoj, kiuj estis iliaj "malamikoj".

En la okazo de la armeo, la situacio estis multe pli malbona. Kion ajn la komandejo intencis, sangavidaj estis la senditaj trupoj, kiuj ricevis la ordonon ekstermi ribelemajn koreojn, kvazaŭ ili militus kontraŭ koreoj. Kaj efektive, ili masakris multajn koreojn. La tiama armeo subpremis la Movadon en la Unua de Marto en Koreujo, kaj spertis batali kontraŭ partizanoj en la Siberia Interveno, en kiu ĝi eĉ bruligis la tutan vilaĝon. Rememoru, kion la usona armeo faris en Irako kaj Afganujo. La logiko de kvietigo per armeo estis aplikita ankaŭ al Tokio.

Laŭ la oficialaj dokumentoj, la murditoj fare de la armeo estis 52 koreoj, 200 ĉinoj (en la kazo en Higasi-Ôzima. La armeo insistis, ke la murditoj estis koreoj.) kaj 35 japanoj (vd. la artikolon "Kio estas enfermita en la malprecizecon"). La armeo asertis, ke la uzo de armiloj estis laŭleĝa en ĉiuj kazoj, sed la aserto tute ne ŝajnas al mi prava. Kaj krome, restas multaj rakontoj pri masakro, kiuj ne estis registritaj en tiuj dokumentoj. Supozeble, la kazoj, kiuj restas en la oficialaj dokumentoj, estis nur parto de la tuto de murdoj faritaj de la armeo.

Tunoda Koresige, kiu estis deputito kaj ankaŭ majora generalo, tiam kritikis la agadon de la armeo, ke la Sieĝostata Komandejo faris reagon kvazaŭ kontraŭ invado de malamiko al nia lando.[1]

Oni povas konkludi pri la masakro kontraŭ koreoj post la Granda Tertremo en Kantô jene: la masakro ĝermis el la diskriminaciaj sentoj de ordinaraj homoj; la masakron disvastigis aŭtoritatularo, kiu timis kaj volis preventi ribelojn de amaso da rifuĝintoj (kaj kiu havis diskriminacian senton pli fortan ol tiu de popolanoj), ĉar ĝia prioritato estis publika ordo; pli seriozigis la masakron la armeo per la aplikado de sia milita logiko, kiun ĝi akiris per la subpremado kaj gerilo en Koreujo kaj Siberio.

---

[1] *La vero de historio – La Granda Tertremo en Kantô kaj la masakro kontraŭ koreoj*

Perspektive 2

Kiom da homoj estis murditaj?

Kiom da homoj estis murditaj?

Al tiu ĉi demando studantoj donas la saman respondon, ke "la preciza nombro estas nekonata". La unua kaŭzo, kial la nombro de la viktimoj ankoraŭ ne estas precizigita, estas tio, ke la tiama registaro ne faris detalan esploron pri la masakro, sed male ĝi klopodis kaŝi, malgrandigi kaj nebuligi ĉiujn aferojn, per jenaj instrukcioj: "Urĝe kremaciu (cindrigu) la enterigitajn kadavrojn.[*1] / Igu la cindron nedistingebla ĉu ĝi estis de japano aŭ de koreo. / En akuzitaj kazoj, se la viktimoj estas koreoj, urĝe aranĝu la cindron en nedistingeblan staton."[1]

La nombro de la kazoj akuzitaj pro la murdo kontraŭ koreoj estis nur 53, kaj la tuta nombro de la murditoj en tiuj kazoj etsis 233 (laŭ la Ministerio pri Justico. Laŭ la Ministerio pri Internaj Aferoj, estis 231). Ne necesas diri, ke la nombro 233 estas nur la sumo de la murditoj en la akuzitaj kazoj, kaj ĝi ne egalas al la vera sumo de la masakritaj homoj.

Antaŭ ĉio, la registaro eĉ ne havis intencon aresti ĉiujn, kiuj partoprenis en la masakro.

Ĝia principo estis, ke "ĉar multaj konsiderindaj punktoj troviĝas, oni arestu ne ĉiujn partoprenintojn de la tumulto, sed nur kelkajn limigitajn, kies kulpo estas nekontesteble evidenta."[2]

---

[1] La dokumentaro de la Polica Buroo de la General-Gubernatoro de Koreujo

---

[*1] En la tempo de la 1920-aj jaroj, en Japanujo, pli ol duono da mortintoj ne estis kremaciitaj antaŭ la enterigo.

Verŝajne la registaro timis, ke oni pli akre turnos la atenton al la respondeco de la polico kaj de la armeo, se tro grandiĝos la nombro de arestitoj. Efektive la ĵurnaloj persekutis pri la respondeco de la aŭtoritataro, kaj en tribunalo advokatoj postulis de aŭtoritatuloj veni al la juĝejo kiel depozicantoj. La registaro timis ankaŭ la fortan antipation de la loĝantoj de la regionoj, en kiuj multaj homoj estis arestitaj. Kaj tial, la definitiva puno de la akuzitoj fariĝis tre malpeza.

La "limigitaj" arestitoj estis ĉefe tiuj, kiuj "rezistis al la polico"[3]. Nome por la polico pli gravaj estis homoj, kiuj malobeis kaj minacis publikan ordon, ol tiuj, kiuj murdis koreojn. Rezulte de tio, okupis la grandan parton de la akuzoj tiaj aferoj, en kiuj oni atakis policejon kaj mortigis koreojn, okazintaj en la gubernio Saitama kaj Gunma. Kontraste al tio, akuzitaj estis nur por du murdoj en la tuta gubernio Kanagawa, inkluzive la urbon Jokohamo, kie multe okazis masakro laŭ la atesto de loĝantoj.

Eĉ ĉirkaŭ la ponto Eksa Yotugi-basi, kie tiel multaj homoj efektive vidis masakron, akuzitaj estis nur kvar murdoj. En la dokumento pri la afero en Kumagaya oni raportis, ke la nombro de la murditoj estis "13", kvankam tiu de la enterigitoj estis pli ol 40. La masakro en la templo Eksa Rakan-zi en la 5a de septembro estas menciita ne nur en la rakonto fare de Urabe Masao, kiun mi citis en tiu ĉi libro, sed ankaŭ en la esplora raporto fare de UTIDA Ryôhei (1874–1937) de la dekstra societo Kokuryû-kai; tamen neniu estis akuzita. La oficiala nombro de la murditoj ne inkluzivas tiun de la mortintoj en la koncentrejo pro vundoj kaŭzitaj de atako; nek la ses koreojn, kiuj estis prenitaj el la koncentrejo kaj murditaj, kaj kies ostoj estis eltrovitaj en 1998; komprenebleble nek tiun de la mortigitoj fare de la armeo per laŭleĝa uzo de pafiloj. Tia nombro estis la "233".

En sia verko *La Granda Tertremo en Kantô – La memoro pri la masakro*, Kang Tŏk-sang montris jenajn nombrojn pri la murditoj en la masakro: "6661" el la esplora raporto fare de specialaj raportistoj de la korea ĵurnalo Dongnip Shinmun (Sendependa Ĵurnalo); "2613" el la eseo de YOSINO Sakuzô (1878–1933), laŭ la nefinita raporto de la supre menciita grupo de specialaj raportistoj; "722, nur en la gubernio Tokio" laŭ la esploro fare de Utida Ryôhei; kaj "1464", la sumo de la nombroj de la murditoj raportitaj en la ĵurnaloj.

La Oficejo de General-Gubernatoro de Koreujo raportis la nombron "813" per "provizora kalkulado", surbaze de la esplorado de ĝiaj agentoj en Tokio.[4]

Kompreneble, la supre montritaj nombroj estas referencaj sed ne precizaj. Laŭ mi estas natura konkludo, ke la efektiva nombro de la korea murditoj atingis kelkmil, se ni konsideras jenajn faktojn: la oficiala nombro de la viktimoj kalkulita surbaze de la akuzoj estas 233, sed la nombro estis intence limigita laŭ la principoj de la registaro, per diversaj anonimigoj de la kadavroj de la viktimoj; eĉ se la registaro ne intencis limigi la nombron, supozeble okazis multaj murdoj jam ne esploreblaj en la kaosa situacio, en kiu mortis 100 mil homoj pro la tertremego kaj fajro, kaj en kiu amaso da rifuĝintoj migradis; troviĝas abunde da fidindaj atestoj pri la murdoj efektive observitaj, kaj eĉ geknaboj menciis murdojn en sia fraz-farado.

Cetere, pri la masakro kontraŭ ĉinoj oni konjektas, ke la nombro de la murditoj, inkluzive de tiuj en Ôzima kaj tiuj, kiuj estis murditaj misprenite por korejoj en diversaj lokoj, estis ekde 200 kelkdek ĝis 750. La nombro baziĝas sur la esploroj fare de Japanujo kaj de Ĉinujo, inkluzive de ambaŭ aŭtoritatularoj.[5]

2, 3 La protokolo de la neoficiala kunsido okazigita de la Garda Sekcio de la Provizora Buroo por Savi kaj Flegi la Damaĝitojn pro la Granda Tertremo / en la 11a de septembro en la jaro Taisyô 12 (1923), el *Dokumentaro de la Moderna Historio, volumo 6*

4 *Historia dokumentaro pri la masakro kontraŭ korejoj post la Granda Tertremo en Kantô, volumo 4,* red. Kŭm Pyŏng-dong

5 "La raporto de la esploro pri la Granda Tertremo en Kantô por protekti homajn rajtojn" de la Japana Federacio de Advokataj Asocioj. Kvankam mallonga, la raporto per tre firmaj ekzamenoj argumentas la respondecon de la japana registaro pri la masakro. Mi rekomendas legi ĝin precipe al interesiĝantoj pri la temo. Ĝi estas publikigita en la retejo: http://www.azusawa.jp/shiryou/kantou-200309.html (en la japana lingvo)

ĈAPITRO 4
LA SEPTEMBRO POST 90 JAROJ

Funebrantoj

La monumento ĉe la ponto "Yotugi-basi"

En la 70-aj jaroj, KINUTA Yukie (1930–2008), kiu instruis en elementa lernejo en la kvartalo Adati, estis studema instruisto. Ŝi komencis esplori la historion de la kanalo Arakawa, kiu fluas apud la lernejo, por instrui al siaj lernantoj, ke Arakawa estas artefarita rivero. Ŝi eklernis la bazajn sciojn de konstruado, kaj vizitadis koncernajn instituciojn por kolekti dokumentojn kaj aŭskulti rakontojn. Baldaŭ ŝi komencis ankaŭ vizitadi maljunulojn en la areo por demandi ilin pri la tempo, kiam la kanalo estis konstruata.

En iu tago ĉirkaŭ en la jaro 1977, Kinuta vizitis unu maljunulon kaj ŝokiĝis pro la rakonto, ke multaj koreoj estis murditaj okaze de la Granda Tertremo en Kantô, ĉirkaŭ la ponto Eksa Yotugi-basi, kaj oni enterigis la kadavrojn laŭ la kanalbordo. "Se bonzo oferos preĝon por funebri pri la viktimoj...," murmuris la maljunulo.

"Kia ŝoka afero!" pensis Kinuta. Ŝi aŭdis similajn rakontojn de kelkaj maljunuloj ankaŭ poste. Ĉe ŝi grandiĝis la volo elfosi la kadavrojn de la koreoj, kiuj ankoraŭ estis lasitaj sub la tero, kaj efektivigi ion "por funebri pri la viktimoj", pri kio la maljunulo murmuris.

Kiel efektivigi la elfosadon? Kiamaniere "funebri pri la viktimoj"? Ŝi ne havis respondojn al la demandoj. Kvankam ŝi sola palple ekserĉis la solvojn, pli kaj pli kolektiĝis al ŝi homoj, kiuj havis la saman volon. Tiel, en la jaro 1982, "Societo por funebri post elfosado de ostoj de Koreoj masakritaj post la Granda Tertremo en Kantô"[*1] estis fondita. En la sama jaro, la Societo traktis kun loka aŭtoritatularo, kaj akiris permeson prove fosi dum mallonge limigita tempo. En la lokoj sur la digoj kaj kanalbordoj, en kiuj plej verŝajne restas la kadavroj, la Societo prove fosis tri lokojn sur la kanalbordoj.

ĈAPITRO 4　LA SEPTEMBRO POST 90 JAROJ

La kadavroj tamen ne troviĝis. Poste, Societo por funebri eksciis per la siatempa artikolo en ĵurnalo, ke la polico dufoje faris elfosadon en la areo kaj forprenis la kadavrojn en la mezo de novembro 1923. La Societo daŭrigis la intervjuadon en la areo, kaj la nombro de la atestantoj superis 100 post dek jaroj da intervjuado. Pro ilia penado klariĝis la kruelaĵo ĉirkaŭ la ponto Eksa Yotugi-basi, okazinta en septembro 1923.

La Societo, kiu ne povis plenumi kolektadon de la ostoj, decidis efektivigi "funebron por la viktimoj" per starigo de monumento. Tio fariĝis la nova celo de Kinuta kaj ŝiaj kamaradoj.

"Por esprimi nian penton kaj pardonpeton eterne, starigu monumentajn tombojn ĉie, kie koreoj estis murditaj. Kaj tiel ni konstruu novan vojon por la unuiĝo de japanoj kaj koreoj. Se ne, la harmonia kunekzisto de ambaŭ popoloj absolute ne eblas."[1]

Supre cititaj estas frazoj verkitaj unu jaron post la Granda Tertremo. La verkinto, YAMAZAKI Kesaya (1877–1954), estis homo konata kiel "advokato por popolanoj". En tiu tempo la slogano "unuiĝo de japanoj kaj koreoj" estis ofte uzata por kaŝi la esencon de la koloniisma regado fare de Japanujo. Ni povas diri, ke la sama esprimo uzata de Yamazaki tamen signifas "repaciĝon inter japanoj kaj koreoj", se ni kalkulas la idean starpunkton de Yamazaki.

Post la katastrofo, eĉ post kiam vaste malkovriĝis la faktoj pri la masakro kontraŭ koreoj, la registaro kaj la aŭtoritatularo tute ne konfirmis sian respondecon pri la kruelaĵo, nek faris oficialan pardonpeton. Nur iom da membroj de la Memdefendaj Grupoj estis kondamnitaj al tre malpezaj punoj.

1　*Sengai Ittô*

*1　La nomo de la Societo en la japana lingvo "Kantô daisinsai zi ni gyakusatu sareta Tyôsenzin no ikotu o hakkutu si irei suru kai" poste parte ŝanĝis sin "— tuitô suru kai". La japanaj vortoj *irei* kaj *tuitô* signifas funebron, sed *irei* havas la sencon "konsolo por animo". La du vortouzoj pri monumentoj supozeble rilatas al politika aŭ religia demando. Ĉi tie la tradukinto nomas la vortojn *irei-hi* kaj *tuka* cenotafo, kaj la vorton *tuitô-hi* funebra monumento.

Ekzistis iom da movado por funebri, sed ne sufiĉis. La "monumentaj tomboj", kiujn Yamazaki proponis, estis konstruitaj fare de civiluloj, ekzemple en la gubernioj Saitama, Gunma kaj Tiba, kie okazis kruelaj masakroj. Sed sur ĉiuj epigrafoj de la tomboj, oni ne gravuris la fakton, ke la koreoj perdis la vivon pro masakro. Oni starigis cenotafon en la urbo Honzyô, la gubernio Saitama, kie ĉirkaŭ 100 koreoj estis murditaj, sed gravurita sur ĝi estis simple: "La monumento por la koreoj". Verŝajne, la loĝantoj starigis la cenotafon, ĉar ili havis funebran senton pri la koreoj, kiuj mortis pro la nepravigebla murdo, sed aliflanke, ili ne povis rekte rigardi la pezan fakton, ke la lokaj loĝantoj en ilia areo murdis la koreojn.

Kompreneble, ankaŭ tio, ke la polico ne volis la funebran movadon, estis granda kaŭzo. De tuj post kiam la masakro okazis, koreaj organizoj, laboristaj sindikatoj kaj kristanoj okazigis kunvenojn por protesti kontraŭ la registaro aŭ por funebri pri la viktimoj. Sed tiuj kunvenoj suferis pro la forta subpremo fare de la polico. Ofte okazis, ke la polico tuj donis ordonon ĉesigi la kunvenon, kiam koreoj protestis en la kunveno, kaj la polica brigado intervenis. La registaro volis forgesigi al la popolanoj la fakton de la masakro.

Sed, la registaro ne povis ne montri sian sintenon de funebro, ĉar tiom da masakro okazis en kaj ĉirkaŭ la ĉefurbo de Japanujo. En la 28a de oktobro 1923, preskaŭ du monatojn post la Granda Tertremo, kolektiĝis homoj, kiuj staris ĉe la flanko de la registaro, kaj okazigis la "Funebran ceremonion por la koreoj" en la templo Zôzyô-zi en la areo Siba, Tokio. La ceremonio ŝajnigis, ke ĝi funebras pri la mortintoj, sed ignoris la indignon kontraŭ la masakro kaj la respondecon de la registaro pri la masakro. Ĝi celis laŭ la supre menciita slogano "unuiĝo de japanoj kaj koreoj". La guberniestro de Tokio kaj la parlamentanoj kun serioza mieno ĉeestis la ceremonion.

Laŭ iu raporto, tiam okazis problemo. La organizanto de la funebra ceremonio ricevis proteston de Chong Yeongyu (1899–1979), kiu estis korea verkisto kaj unu el la iniciatintoj de la ceremonio, ke la organizanto malpermesis al li voĉlegi funeblan mesaĝon, kaj transiris al la sekva programero. Kelkajn tagojn antaŭ la ceremonio, Chong komentis en intervjuo por ĵurnalo, ke "unu cifero mankas al la nombro de la koreaj murditoj (kiu estis 233), kiun la Ministerio pri Justico publikigis; ĉu kulpa estis nur la Memdefenda Grupo, sed ne la polico nek la armeo?" Pro la komento, la organizanto timis la funebran mesaĵon de Chong.

Kiam la prezidanto ignoris la planitan voĉlegadon de Chong kaj transiris al la sekva programero, nome incensado, Chong stariĝis kaj iris al la altaro, kaj kriis al la partoprenantoj:

"Kial vi evitas mian funebran paroladon? Estas certe, ke iu el vi intence faris tiun ĉi nepermeseblan ofendon al mi, kiu fariĝis unu el la membroj de la organizantoj sub la nobla spirito de reciproka amo, kaj kiu mem partoprenas en hodiaŭa belega funebrado. Neatendita malfeliĉo. Neniam en mia tuta vivo mi forgesos tiun ĉi ofendon."

Chong Yeongyu mem spertis atakon fare de la Memdefenda Grupo, kaj estis malliberigita en la policejon. Krome, li vizitis la policejon Kameido por esplori la masakron, kaj tie vidis homajn ostojn forĵetitajn en la rubejo. Liaj indigno kaj ĉagreno kontraŭ la homoj, kiuj rifuzis rigardi la realon, videblas en la ironia esprimo "belega funebrado". La prezidanto ekskuzis, ke li erare forlasis la funebran paroladon kaj transiris al la incensado, pro sia okupiteco.

Antaŭ la altaro Chong eklegis sian funebran mesaĝon.

"En la 28a de oktobro 1923, Chong Yeongyu. Ni ĝemas kun sangaj larmoj, kaj veas en profunda malĝojo. Kun la flamanta brusto, ni venis ĉi tien trans milojn da rioj for de la patrujo. En la malsamaj kulturo kaj klimato, ni kun la malvarma koro ne povas fermi la okulojn sub la ĉielo de la fremda lando. Ni krias tutan tagon; ni plorante vagas tutan nokton. La tri miloj da animoj de miaj samnaciaj kamaradoj, kiuj estis senkaŭze masakritaj kaj eĉ ne povas plendi al iu. Ĉe ni ankoraŭ restas la sama sorto kiel vi. Kiel unu el 20 milionoj da viaj hodiaŭ vivantaj kamaradoj en Korea Duoninsulo, mi modeste kaj eltenante malĝojajn larmojn, oferas al vi funebran saluton kun sufero kvazaŭ de disŝirita ventro. Espereble, ke vi, animoj, ricevos mian funebron ne ĝemante."

Post la Dua Mondomilito, la funebra movado ne plu estis malhelpata

La funebra monumento, kiun "Komitato de la funebra evento por la koreaj viktimoj okaze de la Granda Tertremo en Kantô" starigis en la parko Yokoami-tyô-Kôen.

de la aŭtoritatularo, kaj funebraj monumentoj estis starigitaj en diversaj lokoj fare de koreoj en Japanujo. Kaj denove okazis ankaŭ la starigoj de la monumentoj, kiujn japanoj iniciatis. Eĉ en Tokio, kie ne estis eĉ unu funebra monumento por la koreaj viktimoj ĝis tiam, ĝuste 50 jarojn post la katastrofo, en la jaro 1973, "Komitato de la funebra evento por la koreaj viktimoj okaze de la Granda Tertremo en Kantô" kun kunlaboro de la parlamentanoj el diversaj partioj kaj lokaj deputitoj starigis funebran monumenton en la parko Yokoami-tyô-Kôen.

Sed, Yamada Syôzi, kiu esploras la masakron kontraŭ koreoj, atentigas, ke problemoj ankoraŭ restis ĉe la cenotafoj starigitaj sub iniciato de japanoj post la Dua Mondomilito. Estis progreso, ke oni klare skribis en la epigrafo pri tio, ke la koreoj estis "murditaj" okaze de la Granda Tertremo en Kantô, sed ankoraŭ ne estis epigrafo, kiu klarigis "kiuj murdis ilin".

La situacion ŝanĝis Societo por funebri, kiu daŭrigis la funebran movadon por la homoj, kiuj estis murditaj ĉirkaŭ la ponto Eksa Yotugi-basi. En la aŭgusto 2009, la societanoj finfine efektivigis starigon de funebra monumento. La enhavo de la epigrafo klare kaj rekte respondis al la demando, "kiuj murdis ilin", unuafoje 80-kelkajn jarojn post la Granda Tertremo.

"La Funebra Monumento por la koreaj viktimoj en la tempo de la Granda Tertremo"

Epigrafo:

En la jaro 1923, okaze de la Granda Tertremo, multaj koreoj estis murditaj fare de la japanaj armeo kaj polico, kaj de la popolanoj, kiuj miskredis senbazajn onidirojn.

Ankaŭ en la kvartaloj de ordinaraj popolanoj en Tokio, forrabita estis la kara vivo de la homoj, kiuj forlasis sian hejmlandon sub koloniado kaj venis al Japanujo. Iliaj nomoj ankoraŭ restas ne konataj.

Ni konstruis tiun ĉi monumenton por gravuri la historion en la koron; por funebri pri la viktimoj; kun la deziro reakiri homajn rajtojn kaj repacigi ambaŭ popolojn.

En septembro 2009

La Funebra Monumento por la koreaj viktimoj en la tempo de la Granda Tertremo, kiun oni starigis sur la tero apud la digno proksime de la loko, kie iam estis la ekstremo de la ponto Eksa Yotugi-basi, en la jaro 2009. (6-31-9 Yahiro, Kvartalo Sumida)

Societo por funebri post elfosado de ostoj de Koreoj masakritaj post la Granda Tertremo en Kantô / Grupo Hôsenka (Balzamino)

La Funebra Monumento estis starigita sur la tero apud la digno proksime de la loko, kie iam estis la ekstremo de la ponto Eksa Yotugi-basi. La unua plano de la Societo estis starigi ĝin sur la kanalbordo, sed la Societo ne sukcesis akiri aprobon de la aŭtoritatularo. Siatempe aperis simpatianto, kiu vendis sian terenon al la Societo. Ĉirkaŭ la funebra monumento plantitaj estas balzaminoj, kiuj simbolas Koreujon, la hejmlando de la viktimoj. Iuj lokaj loĝantoj preskaŭ ĉiutage venas ĉi tien por purigi, kaj la funebra monumento ĉiam restas pura. Iufoje venis homo, kiu preĝis antaŭ la funebra monumento kaj konfesis al la societanoj, ke lia patro murdis koreo(j)n okaze de la tertremego.

Kinuta Yukie, kiu ŝokiĝis eksciinte la fakton de la masakro ĉirkaŭ la ponto Eksa Yotugi-basi, kaj daŭre deziris efektivigi "funebron por la viktimoj", forpasis pro pneŭmonio en februaro 2008, en la aĝo de 77, sen scii la efektivigon de la Funebra Monumento. La studado pri la kanalo Arakawa, kiu fariĝis ŝia alia dumviva laboro, fruktis kiel libro, *La historio de la kanalo Arakawa*, du jarojn post ŝia emeritiĝo. La libro, kiu estas ŝia unu sola verko, ricevis la premion *Syuppan-Bunka-syô* de Doboku-gakkai (la Japana Societo de Civilaj Inĝenieroj) en la jaro 1991.

Ekde 1982, la jaro de la prova elfosado, ĉiujare en septembro, Societo por funebri okazigas la "Funebran Ceremonion por la koreaj viktimoj" en la kanalbordo apud la ponto Kinone-basi, kiu situas proksime de la loko, kie iam estis la ponto Eksa Yotugi-basi, kaj kie multaj koreoj estis masakritaj antaŭ 90 jaroj.

En la 8a de septembro 2013, oni okazigis funebran kunvenon por la ĉinaj viktimoj, kiu estis titolita "Kunveno por funebri pri la ĉinaj laboristoj, kiuj estis masakritaj post la Granda Tertremo". Postlasitaj familianoj de la murditoj en Ôzima venis al Japanujo kaj partoprenis en ĝi. En ili ankaŭ troviĝis la nepo de la akutivulo Wan Xitian, kiu estis murdita de la soldatoj ĉe la ponto Sakasai-basi.

Abomenantoj

Reviviĝo de "Mortigu Koreojn"

En aŭtuno de la jaro 2012, la filmeto titolita "promenado" kaj alŝutita en la retejon YouTube donis ŝokon al multaj homoj. En la filmeto, Sakurai Makoto, la estro de la rasista grupo Zaitokukai (Societo de civiluloj kontraŭ privilegio de alinacianoj loĝantaj en Japanujo), kun dek kelkaj anoj de la grupo marŝas sur la stratoj en Sin-Ôkubo, ofendante per diskriminaciaj vortoj la laborantojn kaj vizitantojn de la butikoj de Korea Ondo. Ili nomis la agon "promenado", kaj interrete plusendis la bildon. Sakurai krias en la filmeto:

> "Ne necesas distingi bonajn koreojn de malbonaj. Ekstermu ĉiujn koreojn." "Venu ĉi tien, virinoj, kiuj malamas Japanujon. Venu, kaj mi strangolu vin." "Ekstermu krimajn koreojn." "Forbruligu la Korean Straton." "Ni estas komisiitoj por ekstermi akarojn, rubojn kaj vermojn de la japana socio, nome koreojn loĝantajn en Japanujo." "Ni venis por batmortigi la ulojn."[1]

La grupo Zaitokukai komencis ripeti rasistan manifestacion kun la sloganoj "Punu Koreujon" k.a. en la aŭgusto 2012, kiam la tiama prezidento de Koreujo Lee Myung-bak (Yi Myeong-bak) surteriĝis sur la insulo, Takesima aŭ Dokdo. Poste, la grupo ĉiumonate kelkajn fojojn faris la manifestacion sur la strato Ôkubo-dôri. Kaj, post la fino de la manifestacio, la grupo faris la "promenadon" sur la stratoj en Ôkubo.

1 La filmeto en YouTube kun la titolo "La nacia granda marŝo en Sinzyuku por puni Koreujon en la 25a de aŭgusto 2012": https://www.youtube.com/watch?v=k9JIL8EKmt4

Sed, en la jaro 2013, aperis protestaj voĉoj kontraŭ tia ago de la grupo. Unue, en januaro, kiam Sakurai Makoto fanfaronis per la blog-servo Tvitero la rezulton de sia "promenado", la geknaboj amantaj Korean Ondon lavange sendis riproĉajn mesaĝojn al la sama servo. En la sekva monato, oni organizis la kontraŭrasistan grupon Racist-o-sibaki-tai (Grupo por bati rasistojn), reage al la alvoko sur la interreto. La unua celo de la kontraŭrasista grupo estis haltigi la "promenadon", kiun la rasista grupo faris post sia manifestacio. Sukcesis la provo: krei streĉan atmosferon per amaso da insultoj kaj rezignigi al ili fari "promenadon". La rasistoj ne povis meti eĉ unu paŝon en la straton, kaj devis foriri. Poste, ju pli multe okazis la rasistaj manifestacioj, des pli multe da protestaj homoj staris sur la strato Ôkubo-dôri kun afiŝoj kontraŭ rasismo. Rasista manifestacio el 100 homoj estis ĉirkaŭita de kelk-oble pli multaj protestantoj.

Tiuj, kiuj alte tenis la protestajn afiŝojn, estis ordinaraj popolanoj. Ne estis facile protesti kontraŭ la rasista manifestacio, kiu blasfemadis tenante sennombre multajn japanajn flagojn kun la marko Ruĝa Suno. Kelkfoje mi aŭdis de la protestantoj, ke iliaj kruroj tremis. Tio estas natura sento. Malgraŭ tio, ili dediĉis sian karan tempon por protesti kontraŭ rasismo, kaj prenis sur sin la riskon.

La amaskomunikiloj multe raportis pri la rasista movado kaj la protesta, kaj vekiĝis ĉe la publiko la opinio, kiu kritikas la minacon pro diskriminacia sento. Ankaŭ la parlamentanoj ekagis pro la problemo, kaj la respondo de la aŭtoritatularo kontraŭ la rasistaj manifestacioj fariĝis forta. Sekve de tio, Zaitokukai kaj aliaj rasistaj grupoj rezignis sian manifestacion en Sin-Ôkubo.

Verŝajne, la nombro de tiaj homoj, kiuj aŭdacas krii sur la strato ke oni eksterman koreojn, ne superas kelkcent. Sed la tendenco de rasismo, kiun oni nomas "kenkan" (antipatio al Koreujo), en la interreto kaj amaskomunikiloj, ankoraŭ neniom malfortiĝis. La tendenco, kiu donis al la rasistoj benzinon por disvastigi malamon kaj diskriminacion, preskaŭ atingis la monomanian staton.

Kiam mi faras foliumadon sur la interreto per komputilo, preskaŭ ĉiutage mi vidas kalumnian esprimon al Koreujo kaj koreoj. Survoje al mia laborejo, sur afiŝoj ĉe kiosko kaj en vagono, preskaŭ ĉiutage mi vidas reklamojn por gazetoj, kiuj insultas Koreujon. En grandaj librejoj, sur librobretaro por internaciaj aferoj, ni vidas multege da "kontraŭ-koreaj" libroj kun abomeninda titolo, ekzemple "Pri Diabla Koreujo". En la tempo de Malvarma Milito oni eldonis librojn, kiuj kritikis Usonon kaj Sovetunion. Sed ili ne estis tiel krudaj nek sovaĝaj. En la "kontraŭ-koreaj" libroj troviĝas ne nur kritiko al la korea registaro, sed ankaŭ abomeno kaj rasisma sento al la korea popolo.

En tiu ĉi jardeko, en la daŭro de tia situacio, multaj homoj jam ĉesis senti la situacion malnormala. Sed tian indiferentecon ne povas toleri la homoj, al kiuj la sagoj de abomeno kaj diskriminacio estas pafitaj. Kion sentos koredevenaj geknaboj antaŭ sia komputilo, kiam ili havos rimedon por konektiĝi al la interreto?

Fakte, antaŭ septembro 1923, dum kelkaj jaroj la japanaj ĵurnaloj preskaŭ ĉiutage aperigis sensaciajn artikolojn pri "intrigo de ribelemaj koreoj". NAKANISI Inosuke (1887–1958), proleta verkisto, kiu amis Koreujon, priskribis la tiaman atmosferon jene:

> Provu legi iun ajn artikolon pri koreoj aperintan sur ĵurnaloj en Japanujo kaj Koreujo. Kio estas raportita en ĝi? Ĝis nun preskaŭ neniam mi legis artikolon, kiu raportis la belecon kaj elegantecon de la lando, belarto kaj popolkaraktero de Koreujo. La ĵurnaloj raportas nur kanajlaĵojn de tiel nomataj "ribelemaj koreoj" (iuj ĵurnaloj preferas uzi la vortojn "plendemaj koreoj" lastatempe), per jenaj timigaj vortoj: bombo, pistolo, atako kaj murdo. La artikoloj estas verkitaj en troiga tono de ĵurnalistoj, kiuj volas trakti aferojn sensacie.
>
> Se ĉiutage legos tiajn artikolojn homoj, kiuj ne havas sufiĉe da scioj pri la tradicia kaj moderna Koreujo kaj pri la popolo, ili, precipe virinoj kun delikata sento, konkludos ke Koreujo estas la lando de banditoj, kaj ke la koreoj estas kvazaŭ sovaĝaj tigroj. La koreoj fariĝis viktimoj de

senpripensa ĵurnalismo, kaj ili estas gravuritaj profunde en la koron de ordinaraj japanoj, kiel nigraj kaj teruraj iluzioj.²

La diskriminacia malestimo al koreoj pli kaj pli fortiĝis inter japanoj dum la procezo de la aneksado de Koreujo al Japanujo en la jaro 1910. Plie, aldoniĝis alia negativa sento, ke koreoj estas teruraj, kiam okazis la Naciliberiga Movado en la Unua de Marto en 1919. Por tio gravan rolon plenumis la ĵurnaloj, kiuj tiam estis kreskantaj kiel amaskomunikiloj.

La korea Naciliberiga Movado en la Unua de Marto komenciĝis, kiam koreaj intelektuloj faris proklamon de sendependiĝo. Post la proklamo inundis surstrate en la tuta Koreujo la homoj, kiuj arde deziris la sendependiĝon de Koreujo. Ilin kuraĝigis la principo de "rajto de nacia memdecido", proponita de la usona prezidento Woodrow Wilson en la Konferenco en Parizo por Paco, kiu traktis la internacian ordon post la Unua Mondomilito.

Sed kontraŭ la movado, Japanujo sendis la policon, ĝendarmojn kaj eĉ la regulan armeon por subpremi ĝin. La korea amaso kontraŭatakis al ili per ĵetado de ŝtonoj aŭ bruligado de policejo. Okazis perfortaj konfliktoj en diversaj lokoj. La subpremado intensiĝis, kaj fine okazis la afero en la vilaĝo Jeam-ri, la distrikto Suwon, sude de Seulo, ke la japana armeo enfermis 30 vilaĝanojn en preĝejon, pafmortigis ilin kaj bruligis la preĝejon. La tuta nombro de la koreaj arestitoj superis 40 mil. Yu Gwansun (1902–1920), studentino arestita pro tio, ke ŝi marŝis ĉe la kapo de la manifestacio, mortis en malliberejo.

La afero klare montris, ke koreoj ne volas la kolonian regadon en Koreujo fare de Japanujo. Sed la japana registaro perforte premis ĝin. Kontraŭ tio, MIYAZAKI Tôten (1871-1922), kiu subtenis la Ĉinan Revolucion, skribis, ke "tiu kiu dependas de perforto, mortos pro la forto, kaj tiu kiu fidas glavon, malvenkos pro glavo". Ankaŭ YANAGI Muneyosi (1889–1961), kiu estas konata pro la movado Mingei (Arto de popolanoj), kritikis, ke la kolonia regado "ne estas malhonoro por Koreujo, sed granda honto por Japanujo".

La majoritata sinteno de la japana socio tamen diferencis de tiu de la malmultaj intelektuloj. Ordinaraj popolanoj sentis timon al la koreoj, kiuj protestis kontraŭ Japanujo. La artikoloj aperigitaj de tiamaj ĵurnaloj grave kontribuis al la fermentado de tiu sinteno. Tuj post la komenciĝo de la Naciliberiga Movado en la Unua de Marto, la ĵurnalo Tôkyô-Asahi aperigis jenan opinion en la 10a de marto:

"Tiuj ĉi uloj jam ne estis manifestaciantoj, sed fariĝis ribelantoj. Ili faras incendion, murdon kaj iun ajn krimon kontraŭ japanoj. Se oni ne subpremos ilin, tuj la danĝereco fariĝos nemezurebla."

De la komenco ĝis la fino, la japanaj ĵurnaloj raportis la aferon en stereotipa kadro, ke ĉiuj japanoj estas minacataj de la atako fare de ribelantaj koreoj. Ili intence interpretis la koleron de koreoj kontraŭ japana koloniado, ke ĝi estis absurda malamo adresita al ĉiuj unuopaj japanoj. Kiam mortis japano en la konfliktoj, ili traktis la aferon kiel "nepermeseblan krimon", sed ili ignoris la mortojn de koreoj, kaj raportis nur la nombron de la viktimoj, kun pretekso ke tio estis neevitebla rezulto de laŭleĝa agado de la polico.

Efektive, la nombro de la japanaj civiluloj, kiuj estis murditaj en la afero, estis nulo. La suma nombro de mortintoj plus vunditoj estis 1190 koreoj, 141 japanoj. La grandan parton de la japana nombro okupis ĝendarmoj, kiuj laboris por subpremi la movadon, kaj la vunditaj japanaj civiluloj estis tre malmultaj.[3]

Mi kredas, ke multaj tiamaj japanoj ne volis agnoski la fakton, ke la koreoj koleras pro la subpremado fare de Japanujo. La amaskomunikiloj flatis la japanojn kaj montris inversan bildon, ke japanoj estis atakataj de la kruelaj koreaj ribelantoj. Grave kontribuis la "troiga tono de ĵurnalistoj, kiuj volas trakti aferojn sensacie", menciita de Nakanisi.

2   Nakanisi Inosuke, "Mi argumentas por koreoj" en la gazeto Huzin-Kôron, la n-ro novembro-decembro 1923, el *Historia dokumentaro pri la masakro kontraŭ koreoj post la Granda Tertremo en Kantô, volumo 3*, red. Kŭm Pyŏng-dong

3   La montritaj nombroj estas laŭ Kimura Kan. La nombro de koreaj mortintoj kaj vunditoj estas pli granda laŭ kelkaj aliaj dokumentoj.

Post la Naciliberiga Movado en la Unua de Marto, la sendependiga movado de koreoj diversforme disvolviĝis. La movado parte inkluzivis armitan ribelon, sed la ĵurnaloj raportis ĝin ĉiam troige per la abomena esprimo "ribelemaj koreoj", kun la vortoj "bombo", "pistolo", "intrigo" ktp. Eĉ iu estrarano de la Oficejo de General-Gubernatoro de Koreujo kritikis tian troigon en kunsido de ĵurnalistoj.

Japanoj ne povis agnoski nek akcepti la protestajn voĉojn de la korea popolo, kaj kreskigis la iluzion, ke "koreoj estas timindaj". La koreoj fariĝis "nigraj kaj teruraj iluzioj" en la menso de japanoj. Kaj ja tio pretigis la postan kruelaĵon. Nakanisi daŭrigis en la supre citita eseo:

"Mi diru, ke la eksplodo de la falsaj onidiroj pri la ribelo de koreoj (post la tertremego) fontis nature el la iluzio sub la senkonscia menso de japanoj, kaj ke la onidirojn naskis la absurda timo al la nigraj iluzioj."

En la unua de septembro 1923. Ankaŭ en la matena eldono de ĵurnalo aperis la titolo "Tri suspektindaj koreoj estis arestitaj / Ĉu membroj de terorgrupo?" (la ĵurnalo Tôkyô Asahi) Kaj antaŭ tiu tagmezo okazis la katastrofo. Tiam la timo al koreoj, kiun oni kreskigis dum kvar jaroj, rezultigis la "ekstermon de koreoj" en la centro de Tokio sub la brila taglumo. "Nigraj iluzioj" de "ribelemaj koreoj" kaj "ribelantoj" ŝprucis kiel ribelemaj kaj ribelantaj japanoj. Dum la teruraj aferoj daŭris, la ĵurnaloj, precipe lokaj, disvastigis falsajn novaĵojn al la publiko.

Rasismo plifortigas sin per kolektado de favoraj inform-pecoj el diversaj fontoj. La "malestimo" naskita en la aneksado de Koreujo kaj la "timo" kreskigita per la informado pri la Naciliberiga Movado en la Unua de Marto rezultigis la masakron kontraŭ la koreoj, okaze de la Granda Tertremo. La "malestimo" kaj "timo" eĉ pli forte fiksiĝis pro la masakro, kaj daŭre katenis japanojn.

Tamen, en la komenco de la 90aj jaroj, ŝajnis, ke tia rasisma sento pli kaj pli malfortiĝos. La internaciaj cirkonstancoj multe ŝanĝiĝis, kaj oni vidis koreojn en Japanujo, kiuj sukcese aktivis kun sia propra nacia nomo, en diversaj kampoj de la japana socio. En iom posta tempo, ekfuroris tiel nomata Korea

Ondo. Ŝajnis, ke rasismo jam fariĝis pasintaĵo.

Sed tuj poste, rasismo reviviĝis en la nova formo pere de interreto. Ekde la komenco de la 21a jarcento, ankaŭ la amaskomunikiloj sekvis la tendecon, kaj nun ili strebas akceli la rasisman atmosferon per la "troiga tono por trakti aferojn sensacie". Ankoraŭ nun ni vivas en la tempo de la "nigra iluzio", kiun la japana koloniismo kreis, nome en la tempo, kiam ankoraŭ aŭdiĝas la postsono de la masakro kontraŭ koreoj.

En la jaro 2005, surstrate en New Orleans

"Mi neniam supozis antaŭ 11 monatoj, ke mi paŝos sur la stratoj de New Orleans kun du 38-kalibraj pistoloj kaj ŝut-fusilo sur la ŝultro. Estis bonege. Kvazaŭ en la sezono de ĉasado de fazanoj en South Dakota. Se io moviĝis, tuj pafilo bruis."

Fortika virino kun mallonga hararo kaj dikaj brakoj aldonis: "Tio ne estas fazano, kaj ni ne estas en South Dakota. Kio problemas pri la situacio?"

La viro gaje respondis: "Ŝajnis tiel, en tiu tempo." [...]

La virino diris: "Ili estas rabistoj. En nia regiono ĉiuj mem defendas sin."[1]

En la fino de aŭgusto 2005, la uragano nomata Katrina alteriĝis sur la suda parto de Usono, atingis la urbon New Orleans, kaj kaŭzis inundon en la tuta areo. Mortis pli ol 1800 homoj. Tio estis la plej granda damaĝo kaŭzita de uragano, tra la tuta historio de Usono.

Kiam la uragano alteriĝis, Donnell Herrington, 29-jara negra junulo, restis ĉe siaj geavoj en la municipa loĝejo por malriĉuloj en la norda parto de la urbo, ĉar li ne povis fuĝi de la loĝejo, forlasinte la geavojn. En la nokto mergiĝis la tuta surtera etaĝo de la domo. La urbo, kiun li vidis tra la fenestro, fariĝis vasta lago. Ĉar la atendata sav-teamo ne venis, Herrington kaj lia kuzo elserĉis boaton, kaj per ĝi veturigis la geavojn al alta aŭtovojo, kiun la inundo ne povis atingi. Poste ili veturis kaj reveturis inter la urbo kaj la aŭtovojo por savi la najbarojn, inkluzive infanojn. Post kvar horoj da veturado ili savis pli ol

1000 homojn.

Herrington kaj liaj kuzo kaj amiko lasis la savitojn sur la aŭtovojo, kaj ekmarŝis por venigi sav-teamon. Ili ne povis renkonti publikan sav-teamon, kaj venis al la kvartalo Algiers, kiu situas sud-oriente de la urbo. La domo de Herrington en la kvartalo estis komplete detruita. Ili decidis iri al la riverborda haveno de Mississippi, ĉar ili aŭdis ke tie oni instalis la bazon de rifuĝejoj.

Kiam ili preskaŭ atingis la havenon, iu mazaĝa viro subite aperis antaŭ ili, kaj pafis al Herrington per ŝut-fusilo. Li falis, kaj sentis ke sango ŝprucas el la kolo. La pafitaj kugletoj pikis lian tutan korpon. Ili furioze forkuris de la viro, kiu ekŝarĝis la ŝut-fusilon per kuglo. Ili petis helpon de blankuloj, kiuj veturigis ŝarĝaŭton. Sed tiuj rifuzis per senkompataj vortoj: "Negroj, ankaŭ ni volus pafi al vi."

La loĝantoj en la areo ŝirmis ilin en sia domo. Sed la viroj elserĉis la domon, kaj postulis ke ili liveru la negrojn. La loĝantoj apenaŭ povis forpeli la virojn, kaj veturigis Donnell kaj liajn kuzon kaj amikon per aŭto al la medicina centro. Donnell jam perdis duonon de la sango en la korpo, tamen li feliĉe saviĝis.

La viro, kiu pafis kontraŭ Donnell, estis membro de la Memdefenda Grupo el blankuloj, kaj li patrolis per aŭto en la areo.

Supre citita rakonto estas unu epizodo en la libro *A Paradise Built in Hell* (Utopio konstruita en Inferno) de Rebecca Solnit. La libro fariĝis fama ankaŭ en Japanujo post la Granda Tertremo en la regiono Tôhoku en la jaro 2011. La ĉapitro 5 "New Orleans: Common Grounds and Killers" (New Orleans: Komunaj lokoj kaj Mortigantoj) traktas la aferon, kiu okazis en la urbo New Orleans en 2005.

Kiam la uragano alteriĝis, tiuj, kiuj ne povis fuĝi kaj estis forlasitaj

1   Rebecca Solnit: *A Paradise Built in Hell: The Extraordinary Communities That Arise in Disaster*, 2009, *Saigai Yûtopia* japana versio, eld. Aki Syobô, 2010

en la damaĝita areo, estis malriĉuloj, precipe negroj. Ili rifuĝis en grandajn instalaĵojn, kies bazaj ekipaĵoj estis detruitaj, kaj vane atendis la sav-teamon. Dum maljunuloj elĉerpitaj pro la inundo sinsekve mortis, junuloj, kiuj kutime vagis sur stratoj portante kanajlecan veston, strebis savi la vivojn de la malfortaj homoj en la urbo.

Tamen, al ili, kiuj estis forlasitaj kaj daŭre atendis la sav-teamon, oni sendis ne sav-teamon, sed la onidiron pri "drasta oftiĝo de krimoj".

La televido timige raportis disrabadojn el butiko, kiuj okazis en kelkaj areoj. Sed fakte tio estis nur la sceno, en kiu la forlasitaj homoj provizis sin per siajn necesaĵoj el la senhoma superbazaro por teni sian vivon en la izolita areo. En iliaj rifuĝejoj ne estis lankovrilo por ŝirmi la korpon de malvarmo, nek minimuma kvanto da nutraĵoj.

Ĉirkaŭ la damaĝita areo pli kaj pli disvastiĝis la onidiro en variaj formoj: disrabado okazas ĉie en la urbo; la rifuĝejoj estas submetitaj en la regadon de gangsteraro; ĉie okazas murdoj kaj seksatencoj; iuj manĝas viandon de homo, ktp. Multe pli malbonigis la situacion la anoncoj fare de la ŝtata kaj urba aŭtoritatuloj, kiuj atestis la onidirojn kiel faktojn. La policestro serioze diris en iu televida programero, kun larmoj en la okuloj, ke eĉ beboj suferas pro seksatencoj en la rifuĝejoj. Tiuj ĉi anoncoj de aŭtoritatularo permesis la amaskomunikilojn senbride agi. Eĉ la televida elsendejo CNN daŭrigis sensencan raportadon kun la titolo "New Orleans, senleĝa urbo".

Rezultis el tia situacio, ke la aktivado por "reakiri publikan ordon" ligiĝis kun rasismo, kaj impetis senbride. La trupoj el Nacia Gardistaro, senditaj por savi la damaĝitojn, modifis la mision al "haltigo de disrabado" kaj "reakiro de publika ordo". La soldatoj, kiuj ĵus revenis el Irako, kun aŭtomataj fusiloj en la manoj patrolis sur kirasaŭto en la urbo. Krome, intervenis eĉ komplete armita trupo de la fi-fama privata milit-kompanio, kiu iam kaŭzis la ekstermadon en la urbo Fallujah.

"La miskonvinko, ke malriĉaj negroj atakos kaj atakas loĝantojn, kaj ke la urbo New Orleans falis en kaoson plenan de besta kruelaĵo, decidis la direktojn de la agado de la registaro, kaj de la informado de la amaskomunikiloj. Kaj pro tiuj miskonvinkoj la civiluloj organizis Memdefedajn Grupojn."

La Memdefendaj Grupoj, kiujn blankuloj organizis en nemergiĝintaj areoj, sendistinge pafadis al iu ajn neblanka pasanto sur la strato. Iu viro rakontis al kuracisto, kiu venis al la distrikto Algiers post la uragano:

"Vi eble ne kredos. Tamen la uloj fakte intencis mortigi nin."

La kuracisto menciis unu el la kaŭzoj, kiuj stimulis la agadon de la Memdefendaj Grupoj, ke ŝerifoj cirkuligis la onidirojn. Troviĝas ankaŭ atesto, ke police donis kuglveŝtojn kaj fusilojn al la grupanoj, kun ordono: "Pafu al negroj".

La aŭtoro prezentis ankaŭ la kazojn, en kiu policanoj kaj ŝerifoj mem metis la manojn al la murdoj. "En tiu tempo, mi estis ordonita de altranguloj de la polico, ke mi ne enketu pri ĉiuj murdoj," konfesis iu detektivo.

Solnit supozas, ke la tuta nombro de la murditoj estis pli ol kelkdek. Ŝi skribis kun indigno:

"Efektive ekzistis grupo de mortigantoj, pri kiu la amaskomunikiloj obstine ripetis raportojn. La grupo tamen konsistis el maljunaj blankuloj. Iliaj agoj sur stratoj ne estis prilumitaj."

La priskribo en la libro frostigas min. La sceno estas tute sama al tiu en Tokio antaŭ 90 jaroj. Rasismo, onidiroj, demagogio fare de aŭtoritatularo kaj amaskomunikiloj, murdoj fare de Memdefendaj Grupoj kaj administraciaj institucioj, faktoj kaŝitaj, krimoj ne punitaj. Sennombraj cikatroj sur la tuta korpo de Herrington estas samaj al tiuj sur la korpo de Shin Changbeom, kiu estis atakita sur la ferponto super la kanalo Arakawa. Kion ni devas lerni el la fakto, ke ankaŭ en la 21a jarcento okazis masakro en la tute sama skemo?

La titolo de la libro "Utopio konstruita en Inferno" signifas la interhelpan staton, kiun homoj spontane kreas en la loko damaĝita pro natura katastrofo. Solnit prezentas ankaŭ kontrastan koncepton nomatan "elita paniko", pro kiu la aŭtoritatularo enkondukas hom-devenan katastrofon en la damaĝitan lokon. La paniko baziĝas sur krizaj timoj, kiujn elvokas administraciaj elitoj, kiam ili rigardas la anarkian staton de la damaĝita loko kiel grandan minacon kontraŭ la ortodokseco de ilia regado. Nome, "timo al socia kaoso; timo al malriĉuloj, minoritato kaj enmigrintoj; absurda timo pri ŝtelado kaj rabado en senorda situacio; tendenco tuj preni mortigan rimedon; ago surbaze de onidiroj".

Per la priskribo ni povas konkludi, ke la koncepto de "publika ordo", kiu nestas en la cerbo de iuj administraciaj elitoj, ne temas pri la ordo, en kiu la vivo kaj sano de popolanoj estas garantiataj. Male, ekde la komenco la elitoj ignoras la vivon kaj sanon de la minoritato kaj enmigrintoj.

En iu areo de New Orleans troviĝis ponto, kiu ligis la grave damaĝitan lokon al sekura ĉirkaŭurbo. Ŝerifoj minac-pafe forpelis la homojn irantajn por rifuĝi sur la ponto sub la forta pluvo, senkompate eĉ patrinon kun bebo, kaj maljunulon lamantan kun bastono. Ili konsideris la rifuĝintojn en la urbo, ne kiel savendajn homojn, sed kiel minacojn kontraŭ publika ordo. La ŝerifestro, riproĉita poste pri tiu ago, diris: "Mi ne volas pravigi mian tiaman decidon. Mi kredas, ke mi faris ĝustan juĝon sub justaj rezonoj. Neniom da konscienco-riproĉo. Ĉiunokte mi trankvile dormas."

La vortoj rakontas, kio estas "publika ordo" por ili. Kiam mi legis tiun ĉi parton, mi rememoris kelkajn vortojn, kiujn la japanaj elitoj lasis en la jaro 1923.

"Oni ne povis eviti minimuman malutilon kaŭzitan de la onidiroj. Sed ni ne povas dubi, ke ili estis nepre necesaj atentigoj en la tempo (de la tertremego)." (Gotô Sinpei, la Ministro pri Internaj Aferoj. Li enoficiĝis tuj post la Granda Tertremo, transpreninte la postenon de Mizuno Rentarô.)

"Se mi kaŭzus konflikton en normala socia stato, mi estus kulpa. Tamen konsiderante la tiaman kaosan staton, mi pensas, ke mi traktis la aferon adekvate, eĉ bone." (La sekciestro pri Internaj Aferoj de la gubernio Saitama, en la ĵurnalo Tôkyô Niti-Niti Sinbun en la 24a de oktobro 1923)

La resumo de iliaj vortoj estas, ke la onidiroj fakte estis falsaj, kaj mortis iom da koreoj, sed tio estis neevitebla rezulto por teni "publikan ordon" en tia katastrofa situacio. Tia ilia argumento naskiĝis pro tio, ke la vivo de koreoj tute ne estis kalkulita en ilia "publika ordo".

Ankaŭ en la hodiaŭa Japanujo ni povas trovi administracian eliton, kiu publike diris tute samspecajn vortojn. Mi metu la vortojn ĉe la fino de tiu ĉi artikolo, kaj iru al la sekva.

"Mi diris, ke mi petos la Memdefedajn Korpusojn sendi trupojn por teni publikan ordon, se fakte okazos socia tumulto. La publikigo de mia opinio mem estas efika por malhelpi krimojn."

Tio ĉi estas la vortoj de Isihara Sintarô (1932–), kiu okupiĝis kiel la guberniestro de Tokio dum 13 jaroj, ĝis la jaro 2012.

La vortoj de Isihara pri "Sangoku-zin" kaj Elita Paniko

Tokio ankoraŭ tenas en si la traŭmaton, kiu naskiĝis antaŭ 90 jaroj

"Kiam ni rigardos la hodiaŭan Tokion, ni trovos, ke multaj Sangoku-zin[*1], nome alinacianoj, kiuj kontraŭleĝe enmigris en Japanujon, ripetas terurajn krimojn. Jam la formo de krimoj en Tokio ŝanĝiĝis ol tiu en la pasinteco. En tiu ĉi situacio oni povas konjekti, ke sekvos grandega socia tumultego, kiam okazos granda natura katastrofo. Ni estas en tia situacio. Por aranĝi kaj eviti tion ne sufiĉas nia polica povo. Pro tio mi petas de vi (Japana Memdefenda Korpuso) interveni en tia okazo, kaj ne nur savi damaĝitojn, sed ankaŭ plenumi la agadon por teni la publikan ordon, kiel unu el viaj gravaj misioj. (La ĵurnalo Mainiti, en la 11a de aprilo 2000)

"Krimoj en Tokio fariĝis ekstreme teruraj. Ĉiuj, kiuj faras la krimojn, estas Sangoku-zin, nome alinacianoj, kiuj kontraŭleĝe enmigris kaj restas en Japanujo." "(Rilate al tio, ke koreoj en Japanujo estis masakritaj post la Granda Tertremo) Venontfoje, male, la alinacianoj, kiuj kontraŭleĝe enmigris en Japanujon, certe okazigos tumulton." (La ĵurnalo Mainiti, en la 11a de aprilo samjare)

"Mi diris, ke mi petos la Memdefedajn Korpusojn sendi trupojn por teni publikan ordon, se fakte okazos socia tumulto. La publikigo de mia opinio mem estas efika por malhelpi krimojn." (La ĵurnalo Mainiti, en la 13a de aprilo samjare)

"Ĉina narkotaĵo estas pli kaj pli multe importata. Kaj tiuj, kiuj vendas ilin, estas pakistananoj." "Multe pli multaj kaj danĝeraj medikamentoj vaste cirkulas en Japanujo, fare de Sangoku-zin, nome alinacianoj." "Loĝas dekadencaj kaj insidemaj alinacianoj. Kaj efektive ili ruze ripetas krimojn. Sed nia polico ne povas facile kapti ilin. Kian eksplode grandegan tumulton ili provos, se okazos granda natura katastrofo? Kiel la gubierniestro, mi vere timas pro tiu ĉi supozo." "Tial mi mencias la eblecon, ke tiuj homoj komencos fi-agon kaj okazigos grandan tumulton." "Antaŭ ĉio, mi petos de la registaro sendi trupojn de la Memdefenda Korpuso. Mi kuraĝis eldiri la vortojn, ĉar mi pensis, ke tio preventos la tumulton. (La ĵurnalo Mainiti, en la 14a de aprilo samjare)

Ĉi-supre estas tiel nomata la "eldiroj pri Sangoku-zin" esprimitaj de la tiama gubierniestro de Tokio, Isihara Sintarô. Li predikis okaze de la evento de la Unua Divizio de la Tera Defendkorpuso, antaŭ la korpusanoj en la 9a de aprilo 2000. Precize dirite, la unua citaĵo estas la "eldiro pri Sangoku-zin", kaj la postaj estas lia rebatoj aŭ ekskuzoj, kiujn li diris en la gazetara konferenco, kontraŭ kritikoj al la unua eldiro pri Sangoku-zin.

Ne necesas detale klarigi al la legantoj, kiuj legis la libron ĝis ĉi tie, kial la eldiro estas terura. Kiam li faris la eldiron, oni metis la fokuson preskaŭ nur sur la diskriminacian esprimon "Sangoku-zin". Sed tio mistrafas la kernon de la problemo.

Ĉi tie kuŝas ĉio el la problemo de la aŭtoritatularo, kiu iam pligrandigis la masakron kontraŭ koreoj. Nome, diskriminacio kaj antaŭjuĝo kontraŭ alinacianoj; tendenco facilanime miskredi onidirojn pro la antaŭjuĝo; senhonta sinteno disŝuti la onidirojn; prioritato destinita nur al "publika ordo" okaze de natura katastrofo; enkonduko kaj interveno de armeo. (Aldone, la "Unua Divizio", al kiu Isihara predikis, iam estis la ĉefa forto de la Sieĝostata Armeo en la tempo de la Granda Tertremo en Kantô.)

Estis vere feliĉe por la loĝantoj de Tokio, ke ne skuis granda tertremo la grundon sub Tokio dum Isihara okupis la oficon de la gubierniestro. La viro, kiu havas diskriminacian antaŭjuĝon, estis la estro de la aŭtoritatularo. Kaj li laŭte diris, ke alinacianoj okazigos tumulton, kiam okazos katastrofo;

*1 La laŭlitera senco estas "homoj en la triaj landoj". En Japanujo la vorto ofte montras la homojn en la eksaj japanaj kolonioj. Diskriminacia esprimo.

ke oni enkonduku trupojn de la Memdefenda Korpuso por subpremi ĝin kaj por teni publikan ordon; kaj ke tiu ĉi anticipa averto malhelpos krimojn. Nepermesebla kruelaĵo povus esti ripetita.

Komprenebla, en Tokio en la 21a jarcento ne estos tiaj homoj, kiuj elportos japanan glavon hereditan de siaj prapatroj. Sed, la Memdefenda Grupo organiziĝis ankaŭ okaze de la Granda Tertremo en Hansin kaj Awazi en la jaro 1995. Iu ĵurnalisto, kiu estas unu el miaj amikoj, estis sieĝita de membroj de la Memdefenda Grupo kun batilo, miskomprenite ke li estis ŝtelisto, kiam li iris sur la vojo en la damaĝita loko en malfrua nokto. La Memdefenda Grupo tamen ne kaŭzis grandan problemon, ĉar en la urbo Kobe "oni ne faris aktivan agadon ekzemple kapti krimulojn, por eviti riskon".[1]

Okaze de la Granda Tertremo en Hansin kaj Awazi, kaj ankaŭ okaze de la Granda Tertremo en Tôhoku, estis falsaj onidiroj ke alinacianoj faras malbonon. Verŝajne oni cirkuligos tiajn onidirojn, kiam okazos granda tertremo en Tokio. Se la aŭtoritatularo erare reagos al la falsaj onidiroj, la falso englutos la veron kaj senintence naskos viktimojn.

Mia penso, ke "la masakro kontraŭ koreoj post la Granda Tertremo en Kantô ne estas pasintaĵo", baziĝas ne sur retoriko, sed sur la reala fakto.

La devo de la aŭtoritatularo okaze de natura katastrofo ne estas "teni publikan ordon" surbaze de la "elita paniko", kiun menciis Rebecca Solnit, sed subteni la minoritaton, ekzemple alinacianojn, kiuj malfacile vivas en la katastrofo, kaj ŝirmi ilin de la atencoj kaŭzitaj de diskriminaciaj onidiroj. La aŭtoritatularo almenaŭ devas ne iniciate agi pro diskriminacia antaŭjuĝo. Kaj ĝi devas, antaŭ ĉio, lerni el la historio de la Granda Tertremo en Kantô kaj neniam forgesi ĝin. Tio validas ne nur por la aŭtoritatularo, sed ankaŭ por nia socio mem.

Tuj post la eldiro de Isihara pri Sangoku-zin, rakontis jene Shin Sugok (1959–), konsultanto pri kapabligo de laboristoj:

"Tokio estas la urbo, kie efektive okazis atakoj kontraŭ tiuj, kiuj venis el Korea Duoninsulo, okaze de la Granda Tertremo en Kantô. Se oni konsideras la specialecon de Tokio, estas pli normale, ke oni preparos sin por protekti la sekurecon de la alinaciaj loĝantoj, kiam refoje okazos granda tertremo." [2]

Specialeco de Tokio. Ni vivas en la urbo, kiu havas la specialan historion, ke la loĝantoj iam masakris pro rasismo multajn najbarojn. La memoro de la Granda Tertremo en Kantô ankoraŭ klare vivas kiel inkubsonĝo inter koreoj loĝantaj en Japanujo. Kaj japanoj ripetis revivigi el sia subkonscio la klaran iluzion de "ribelo de koreoj", kiu efektive neniam okazis. Ankaŭ la "eldiroj pri Sangoku-zin" fare de Isihara reviviĝis el la sama iluzio. Por ne ripeti la kulpon, Tokio devas konscii, ke la urbo ankoraŭ estas ligita al la kruela sperto antaŭ 90 jaroj.

En tiu senco, rasismo kaj demagogio estas ne nur morale eraraj, sed ankaŭ tiel danĝeraj por nia socio, kvazaŭ ni ludus kun fajro en pulvejo.

Interalie, absolute nepermesebla en nia Tokio estas la propagando, ke la "ribelo de koreoj" efektive okazis post la katastrofo. La aserto de la propagando ne meritas eĉ la nomon de Reviziismo de Historio. Kvankam la enhavo estas fakte aĉa, sed ni ne povas lasi ĝin libere disvastiĝi. Kian inspirajon la loĝantoj havos, se ili kredas ke "post la Granda Tertremo en Kantô, efektive okazis la ribelo de koreoj, kaj la ribelantoj incendiis kaj faris teroron", kiam granda tertremo refoje trafos Tokion? Verŝajne, tuj post kvietiĝo de la tremoj, antaŭ ĉio ili zorgos pri "ribelo fare de alinacianoj". Kiam ili vidos grandskalan etendiĝon de fajro, ili suspektos, ke tion kaŭzis "incendio fare de alinacianoj".

Senkritike ili metos la iluzion sur la interreton. Kaj disŝutos pli vaste la personoj, kiuj miskredos ĝin kiel realaĵon, ĉar ili estas katenitaj de la simila iluzio. Troviĝos ankaŭ tiuj, kiuj kun petolemo utiligos la ŝancon por akuzi alinacianojn, indiferente ĉu la informo estas vera aŭ falsa.

Kaj, kio sekvos?

Nei la fakton de la masakro signifas prepari estontan masakron. Ni nepre ne permesu la provojn inversigi la historian fakton de masakro al koreoj, nek prediki, ke oni "estu singarda kontraŭ alinacianoj kaj minoritato, kiam okazos natura katastrofo".

1 *La Granda Tertremo en Kantô kiel la Mondohistorio*
2 La ĵurnalo Mainiti, en la 13a de aprilo 2000

Kontraŭi "bestigon"

Miyazawa Kikuzirô, kiu starigis la tombon de Gu Hagyeong, estis masaĝisto.

Gu Hagyeong estis juna bombonvendisto, kiu loĝis en la urbo Yorii, la gubernio Saitama. En la malfrua nokto de la 6a de septembro 1923, li estis murdita de la Memdefenda Grupo, kiu amase venis de la najbara vilaĝo. (vd. la artikolon "La morto de najbaro")

Mi vizitis lian tombon, kiun onidire la lokaj loĝantoj starigis. Kaj tiam mi vidis la flankon de la tombo kun la gravuritaj vortoj, ke "Miyazawa Kikuzirô kaj aliaj volontuloj". Sed mi ankoraŭ ne konis la personon. Vidante la imponan tomboŝtonon, mi demandis min, ĉu la persono estis potenculo en la urbo. Post la vizito mi rimarkis kaj legis en la dokumento sur mia skribtablo, ke Miyazawa Kikuzirô estis masaĝisto. Ĉar masaĝisto ŝajnas ne tre riĉa, mi supozas, ke "la aliaj volontuloj" kovris ceteran parton de la kosto.

La vendisto de bombonoj kaj la masaĝisto, kiuj iradis tien kaj reen sur la ĉefstrato. Mi povas imagi la scenon, en kiu ili renkontiĝis. Sur strato ne mankas bazarulo, vok-invitisto, aŭguristo, kiuj vivtenas sin per la enspezo de surstrata laboro. Ĉar mi havis aŭguristan amikon, mi iom scias la odoron de tia strato.

La urbo Yorii estas bazo por surakva trafiko laŭ la kanalo Arakawa, kaj ĝi iam estis etapa urbo. En la erao Taisyô, la ĉefstrato devis esti multe pli vigla ol nun. Mi supozas, ke ili renkontiĝis sur la strato, kaj ke ili reciprokis simpation kiel vivtenantoj per surstrata laboro.

Aldone, en tiu tempo, masaĝisto ĝenerale estis ĉefa okupo de blinduloj. Mi supozas ankaŭ, ke Miyazawa Kikuzirô konis Gu Hagyeong nur per la voĉo, palpo kaj la korpa temperaturo.

Mi divenis la deziron de la funebrantoj el la postmorta nomo "Kan-tensyû-u-sinzi" (laŭlitere: senti, ĉielo, malĝojo, pluvo, homo). La ĉina ideogramo "u" legeblas en la japana lingvo ankaŭ kiel "ame", kaj "ame" signifas la du samsonajn vortojn: pluvo kaj bombono, kiun Gu Hagyeong vendis surstrate. Mi supozas, ke la funebrantoj metis en la literon "u", la du signifojn.

La libro priskribas nur, ke iu masaĝisto nomata Miyazawa Kikuzirô akceptis la kadavron de Gu Hagyeong kaj starigis lian tombon. Efektive, krom tio nenio estas klara. Sed la tombo montras, ke troviĝis iu, kiu estis familiara al li, kaj bedaŭris lian forpason.

La plej grava punkto, kiun mi volas akcenti en tiu ĉi libro, estas ne nur "ekscii" sed ankaŭ "eksenti" la fakton de la masakro kontraŭ koreoj kaj ĉinoj okaze de la Granda Tertremo en Kantô.

Okaze de la katastrofo, oni kalumniis koreojn kiel "ribelemajn koreojn" kaj murdis. Tamen la vortoj "ribelema koreo" estis ofte uzataj de japanaj amaskomunikiloj por indiki la koreojn, kiuj rezistis kontraŭ japana koloniisma regado. Ankaŭ la Naciliberigan Movadon en la Unua de Marto, kiu okazis kvar jarojn antaŭ la tertremego, oni raportis kiel "tumulton fare de ribelemaj koreoj".

Indigno kontraŭ perforta regado fare de alia ŝtato estas natura sento de homoj. Por nei la senton de homoj, oni priskribis la homojn kiel "bestojn", kies plendon oni ne bezonas aŭskulti. Oni faris kampanjon por ŝajnigi koreojn kvazaŭ senkapablaj bestoj, kun kiuj oni ne bezonas fari diskuton vidal-vide, per diversaj kalumniaj vortoj: "mensoguloj", "krimuloj", "spionoj" ktp.

La katastrofo okazis en tia situacio. Estis logika rezulto, ke multobliĝis la iluzio de "ribelemaj koreoj", kiu "bestigas" koreojn, kaj tiel okazis la masakro por nuligi la ekziston mem de la koreoj.

Nun en semajnaj gazetoj kaj sur la interreto ŝtormas la "bestigo" de koreoj kaj de ĉio, kio rilatas al Koreujo, kvazaŭ oni paŭsus la pasintan historion. Oni senĉese instigas kaj kreskigas la diskriminacian senton, kiu naskiĝis el iama japana koloniismo. La situacio estas preskaŭ sama rilate al "Ĉinujo".

Laŭ mi, tiu ĉi tendenco ekestis en la 90aj jaroj de la lasta jarcento, kiam okazis disputo: kiel taksi historiajn faktojn. Iuj el japanoj volis nuligi la negativajn faktojn por Japanujo, ekzemple la masakron en Nankino kaj la konsolvirinojn truditajn de la japana armeo[*1]. Persone mi ne opinias, ke historio havas du flankojn negativan kaj pozitivan, sed por neniigi la negativecon ili bezonis "bestigi" la suferintojn en la tretitaj nacioj.

En la komenco de la 21a jarcento, la provo de "bestigo" transiris de la simpla nuligo de historiaj faktoj al nuligo de la vivo: "Mortigu koreojn, sendistinge ĉu bonajn ĉu malbonajn."

Iuj japanoj kontraŭargumentis al la plendo kun larmoj fare de iamaj konsolvirinoj, ke la prostituto ne estis devigita sed libervola. La logiko de "bestigo" supre menciita nature rezultigis el la argumento al blasfemon: "Fek al la maljunaj prostituitinoj!" Lastatempe la amaskomunikiloj, kiuj laŭokaze kritiketas minacadon pro diskriminacia sento, tamen ĉiutage, ĉiusemajne ripetas tian "bestigan" kampanjon nomatan Kenkan (antipatio al Koreujo) kaj Kentyû (antipatio al Ĉinujo), kaj tiel nutras la rasismon.

La personoj, kiuj akcelas la "bestigon" timas, ke oni agnoskos alinacianojn kiel homojn, kaj aŭskultos iliajn opiniojn kun simpatio. Ĉar, se tiel la afero iros, disfalos iliaj historia koncepto, ideologio, iluzio kaj narcisismo, kiuj ne estas validaj sen la "bestigo" al alinacianojn. Pro tio ili furioze penas surdigi nin kaj bari la "simpation". Unu el la rimedoj por bari estas ŝanĝi la historiajn faktojn, kiujn ni devas akcepti per nia konscienco, al senemocia disputo pri nombro, ekzemple pri tiu de mortintoj.

Mi verkis tiun ĉi libron ĝuste por komunigi kun la legantoj la procezon, en kiu mi penis senti pli proksime la homojn, kiuj efektive ekzistis sur la stratoj de Tokio antaŭ 90 jaroj. Mi volas ke la legantoj simpatie konstatu, ke ekzistis tie koreoj, ĉinoj kaj japanoj, ne kiel signoj nek ciferoj, sed kiel homoj havantaj sian propran nomon. Ĉar "simpation" la rasistoj plej timas.

Mi rimarkis en la verkado, ke ankaŭ la stratoj antaŭ 90 jaroj estis la loko, kie "bestigo" kaj simpatio konfliktis. Iufoje la du koliziis en unu sama homo. Mi supozas, ke tial murdinto funebris pri la murdito.

Mi rememoras precipe la malgrandan simpation, kiu ligis Miyazawa

Kikuzirô kaj Gu Hagyeong. Ni devas klare konscii, ke la "bestigo", kiu komenciĝas en la kampoj por ni ne familiaraj, ekzemple historia kaj diplomatia, iam distranĉos la fadenon de simpatio inter unuopuloj.

Ueno, Ryôgoku, Titose-Karasuyama, Kôenzi, Kagurazaka — la stratoj en Tokio, kiujn ni bone konas, estis la lokoj, kie okazis konfliktoj inter simpatio kaj "bestigo". Ni nun vivas en la urbo, kie oni murdis laŭdire milojn da homoj, kaj kie denove ni spertas la konfliktojn inter simpatio kaj "bestigo".

Ŝajnas al mi, ke nun neniu pridubas la amas-histerian situacion, en kiu la "bestigo", nome rasisma kampanjo, estas instigita de dekstraj politikistoj kaj disvolvata de la amaskomunikiloj. Kio rezultos el tio? Ĝis kiam ni povos teni la racian simpation en niaj manoj en tia situacio? Nepre mi memoru la homojn, kiuj fakte vivis en la septembro antaŭ 90 jaroj: Gu Hagyeong, Hong Gi-baeg, Tei Tiyo, Tokuda Yasuzô, Iwanami Kiyosada, Somekawa Haruhiko, ktp.

---

*1 La virinoj, al kiuj la japana armeo trudis sekse servi por japanaj soldatoj. La disputo pri koreaj konsolvirinoj estas unu el la plej gravaj problemoj inter Japanujo kaj Koreujo.

Postparolo

Kiel mi menciis en Antaŭparolo, mi naskiĝis kaj kreskis en la urbo Sin-Ôkubo, Tokio. Sin-Ôkubo estis vere modesta komerca strato en la 70aj jaroj de la lasta jarcento, malsame ol la nuna, sed ĉar ĝi situas apud Sinzyuku, tie diversrangaj personoj svarme loĝis. La modere urbeca, modere popoleca etoso de la areo milde kovis geknabojn. Ankaŭ koreaj geknaboj loĝis tie. Ekzemple, la knabo Ri, kiu estis lerta ĵudisto, kaj la knabino Kô, kiu havis amindan kaj akrasonan voĉon. Ambaŭ estis ŝatataj lernejanoj en mia klaso.

Sed rasismo estas ruze kaŝita. Iuj geknaboj subdiris inter si: "Verdire tiu estas koreo." Mi supozas, ke ilia diskrminacia sento estis inspirita de la gepatroj. Kaj tia kaŝita rasismo iun tagon subite malkaŝe ŝprucas.

Tio okazis, kiam mi estis triajara element-lernejano. Kelkaj amikoj turmentis knabinon per kria moko: "He, koreino!" Mi ne partoprenis en la agado, sed ankaŭ mi estis vokita al la biblioteko fare de la instruisto de la klaso, kiu konsideris min kiel anon de la grupo. Kiam mi venis al la biblioteko, s-ro Hukumitu, kiu ĉiam milde ridetis, rigardis la eksteron tra la fenestro kun tiel intensa indigno, kvazaŭ li vere ekbrulus. Mi tremis pro timo. S-ro Hukumitu tamen kun kvieta, raŭka voĉo rakontis pri la sceno, kiun li vidis en la milita tempo, ke koreoj estis devigitaj kruele labori en karbominejo. Mi tiam ankoraŭ ne povis bone kompreni la enhavon de la rakonto, sed la kolero kaj malĝojo akre penetris en mian koron. Kiel knabo mi eksciis, ke rasismo estas nepermesebla por homoj. Hodiaŭ mi ne povas rememori eĉ la vizaĝon, sed dum la vivo mi ne forgesos la ardan koleron sur la dorso de s-ro Hukumitu en tiu tago.

Poste, mi renkontiĝis kun multaj geamikoj, kies naciecoj kaj ŝtataneco estis diversaj. Koreoj loĝantaj en Japanujo, koreoj en Sud-Koreujo, ĉinoj kaj usonanoj. Ili estis estimindaj antaŭuloj, kunlaboremaj kolegoj, intimaj geamikoj, kaj simpatiaj junuloj. Miaj karaj memoroj kun ili ofte estas ligitaj al la nomoj de kelkaj urboj en Tokio.

Mi amas Tokion, kie homoj kun diversaj identecoj venas kaj iras. Tamen mi opinias, ke necesas peno por kreskigi tiun diversecon al la riĉa interrilato de homoj. Memori kaj memorigi la masakron post la Granda Tertremo en Kantô, sen kaŝi la fakton, estas unu parto de la peno. La memoro ne estas nura pasintaĵo. Sed ĝi necesas por kuraci la vundojn, kiuj restas en la koroj de homoj, kaj necesas ankaŭ por ne ripeti la eraron en la estonteco. Mi kredas, ke ja tio estas unu el la plej gravaj "preventoj" kontraŭ katastrofoj.

Fine, mi esprimas koran dankon al la anoj de "Societo por funebri post elfosado de ostoj de Koreoj masakritaj post la Granda Tertremo en Kantô", kiuj multfoje akceptis miajn demandojn pri la legmaniero de la dokumentoj; mia juna amiko en Seulo, 켄짱_Kenz, kiu aprobis la celon de la libro kaj desegnis la titolan paĝon de ĉiu artikolo malgraŭ sia granda okupiteco; la kamaradoj de "Teamo de protestado kaj informado kontraŭ kaj pri rasismo", kiuj kune kun mi strebis en la esplorado kaj fotado en la strikta itinero; kaj mia edzino, kiu ĉiam donis al mi freŝan ideon, kiam mia verkado stagnis. Kaj antaŭ ĉio, al s-ro Hukumitu.

Katô Naoki

Postparolo de la tradukinto

Septembre, surstrate en Tokio temas pri la masakro fare de japanoj kontraŭ koreoj kaj ĉinoj en speciala situacio, nome en urbego sub granda konfuzo kaŭzita de katastrofo, kiu okazis en 1923.

En la japana insularo, kie ĉiam ekzistas risko de tertremo, iafoje okazas pereiga tertremego, kiu momente rabas multajn vivojn. Malantaŭ tia terura katastrofo, okazis la murdoj, kiujn faris japanaj ordinaraj popolanoj, kontraŭ koreoj pro eksplodo de rasismaj malamo kaj antaŭjuĝoj de japanoj kontraŭ la enlandaj koreoj.

Kiel la aŭtoro ripete avertis, grave estas ke tia kruelaĵo povas refoje okazi laŭ la situacio. Antaŭ la masakro, la tiama japana registaro, kiu devus gardi la vivmedion de la loĝantoj, neglektis sian respondecon, sed male stimulis diskriminaciojn kaj antaŭjuĝojn kontraŭ koreoj kaj ĉinoj. La socio indiferente lasis rasismon kreski, aŭ helpis al diskriminacio per senbazaj onidiroj. Tiel okazis la eksplodo.

La aŭtoro skribis sian timon, ĉu la nuna situacio de japana socio pli kaj pli proksimiĝas al la tiama. Tia ĉi timo, tamen, validas ne nur en mia insularo nek nur en Orienta Azio. La fakto, ke ordinaraj civiluloj spontane partoprenis la masakron kaj amase murdis multajn senrezistajn homojn, montras ke la demando profunde rilatas al ni ĉiuj unuopaj, kiuj vivas en socio. La simila afero okazeblas ie ajn en la tuta mondo, se la socio lasas la ĝermon de konflikto pro rasismo.

Mi kredas, ke Esperanto enhavas en si deziron fari harmonion de la homoj en la tuta mondo, kaj ke tial la lingvo ebligas al la lingvanoj facile fari amikajn rilatojn inter si trans diversaj limoj. Tial mi deziras, ke esperantistoj fariĝos perantoj de homoj, kaj forigos de majoritato de la socio diskriminacion kaj antaŭjuĝojn kontraŭ iliaj apudaj sed traviditaj najbaroj.

Al la eldono de Esperanta versio necesis multaj helpoj. Mi kore dankas al la kamaradoj kaj koncernatoj, interalie al s-ro Miyazawa Naoto, la proponinto de la traduka projekto; samideanino A, kiu financis por la eldono, kiam ekis la projekto; s-ro Nakazima Masakazu, kiu strebis kompletigi la libron de Esperanta versio kiel redaktoro; kaj al s-roj Huzimaki Ken'ichi kaj Hoŝida Acuŝi, kiuj reviziis la manuskripton kaj donis multajn karajn konsilojn; kaj esprimas la plej grandan dankon al la aŭtoro Katô Naoki, kiu volonte permesis al mi traduki la belan libron.

La Esperanta versio konsistas el la kunlaboroj de diversaj homoj. Sed pri ĉiuj tradukitaj tekstoj respondecas la tradukinto.

Mamiya Midori

Pri la aŭtoro

Katô Naoki naskiĝis en Tokio, Japanujo, en 1967. Lasinte la universitaton Housei, li laboris en eldonejo, kaj laboras kiel verkisto kaj sendependa ĵurnalisto. Li en la plumnomo Kasima Zyûkiti verkis en la gazetoj Syakai-Sinpô k.a. ĉefe eseojn pri modernaj historiaj personoj, ekzemple, Miyazaki Tôten; Matui Tôrô, kreanto de "urbo de formikoj"; kaj Pak Kyongwon, korea aviadistino. Septembre, surstrate en Tokio estas lia unua libro. La alia verko Infano de Ribelo – La Monda Revolucio de Miyazaki Tôten. Kunlaboraj verkoj: Kontraŭ diskriminacia minacado! Eseo pri la respondeco de eldonantoj, Adiaŭ, libroj ofendantaj sur rasismo!, Milita penso 2015. Tradukaĵo: Bolpunkto: Seulo sur la strato (originala titolo: 100°C) verkita de Choi Gyu-seok.

Pri la tradukinto

Mamiya Midori estas japanlingva novelisto, naskiĝinta en 1985 en Japanujo, eklernis Esperanton en 2010 kaj aktivis en Japana Esperanto-Junularo.

Kovrila bildo:
pentris YAMAZAKI Iwao,
kiam li estis kvarajara lernejano de la elementa lernejo,
tuj post la katastrofo.

Bildoj:
켄짱_Kenz [Seulo]

Mapoj:
SHINADA Miki [Tokio]

Fotoj:
yekava roboto [Tokio]

Kovrila foto:
IMAI Hitoshi [Tokio]

Kovrila dezajno:
ANDO Jun [Saitama]

Perkomputila eldonado:
La Nigreco [Tokio/Inuyama]

Kunlaboranto:
Teamo de protestado kaj informado
kontraŭ kaj pri rasismo

エスペラント語での連絡は以下にお願いします。
北海道自由エスペラント協会
LIBERA ESPERANTO-ASOCIO en HOKKAJDO
〒001-0045 北海道札幌市北区麻生町1-3-13
TEL/FAX 011-717-4189　郵便振替 02710-8-44861
MAIL naoto_5esperanto@yahoo.co.jp

구월, 도쿄의 거리에서
1923년 간토대지진
대량학살의 잔행

지은이 가토 나오키 / 옮김 서울리다리티
쪽수 292 쪽
출판사　갈무리
발행일 : 2015/9/1
ISBN 978-89-6195-094-7 04910
ISBN 978-89-86114-63-8 （세트）
크기 : 139 × 208 mm
값 19,000 원

九月、東京の路上で
1923年関東大震災
ジェノサイドの残響

著者：加藤直樹
単行本(ソフトカバー)：216ページ
出版社：ころから
発売日：2014/3/11
ISBN-10: 490723905X
ISBN-13: 978-4907239053
寸法：19.6 × 15 × 1.8 cm
定価　1,800円+税

Septembre, surstrate en Tokio
Granda Tertremo en la regiono Kantô 1923 - Postsono de Masakro

エスペラント版 **九月、東京の路上で**
1923年関東大震災
ジェノサイドの残響

2018 年 9 月 1 日　初版発行

定価 2000 円＋税

著　者　　加藤直樹
翻訳者　　間宮 緑
パブリッシャー　　木瀬貴吉
発行　ころから
　　〒115-0045 東京都北区赤羽 1-19-7-603
　　TEL 03-5939-7950　　FAX 03-5939-7951
　　MAIL office@korocolor.com
　　公式サイト http://korocolor.com/
　　通販サイト https://colobooks.com/

ISBN 978-4-907239-36-7
C0036

De post kiam mi spertis la tempon,
kiam homoj en mia lando fariĝis sovaĝaj,
eĉ belaspektajn virinojn
mi jam ne povas fidi.

      ORIKUTI Sinobu